Écrire pour le théâtre

Groupe Eyrolles
61, bd Saint-Germain
75240 Paris cedex 05

www.editions-eyrolles.com

Dans la collection LES ATELIERS D'ÉCRITURE, chez le même éditeur :
Patrick Jusseaux, *Écrire un discours*
Bob Mayer, *Écrire un roman et se faire publier*
Faly Stachak, *Écrire, un plaisir à la portée de tous*
et également :
Claude Lemesle, *L'art d'écrire une chanson*

Le Code de la propriété intellectuelle du 1er juillet 1992 interdit en effet expressément la photocopie à usage collectif sans autorisation des ayants droit. Or, cette pratique s'est généralisée notamment dans l'enseignement, provoquant une baisse brutale des achats de livres, au point que la possibilité même pour les auteurs de créer des œuvres nouvelles et de les faire éditer correctement est aujourd'hui menacée. En application de la loi du 11 mars 1957, il est interdit de reproduire intégralement ou partiellement le présent ouvrage, sur quelque support que ce soit, sans autorisation de l'éditeur ou du Centre Français d'Exploitation du Droit de copie, 20, rue des Grands-Augustins, 75006 Paris.

© Groupe Eyrolles, 2008
ISBN : 978-2-212-54174-8

Michèle Ressi

Écrire pour le théâtre

EYROLLES

*à Jean Matthyssens,
l'ami des auteurs et mon ami…*

et à Funny

Table des matières

Prologue. **L'irrésistible attrait
exercé de nos jours par la scène** 1

**1. Auteurs de théâtre,
exemplaires par leur vie ou leur œuvre** 7
Homère, mythique et source de mythes ! 8
Sophocle, tragédien accompli et toujours poète à 90 ans 9
Plaute, l'école du rire 11
William Shakespeare, le génie universel et le mélange des genres.... 12
Félix Lope de Vega, le plus prolifique des dramaturges
et l'inventeur de la tragi-comédie 14
Alexandre Hardy, le premier à vivre de sa plume dans notre pays.... 15
Molière, l'incarnation du théâtre en France 17
Pierre Corneille, la passion de l'écriture théâtrale 21
Jean Racine, la tragédie portée à la perfection 22
Jean-Baptiste Lully, créateur de l'opéra français
et 4e mousquetaire du théâtre classique 23
Marivaux, mal aimé de son temps et le plus italien des Français 25
Voltaire, auteur tragique adulé et oublié 28
Beaumarchais, personnage combattant,
au théâtre comme en affaires 31
Marie-Joseph (de) Chénier,
un auteur dans la tourmente révolutionnaire 34
René-Charles Guilbert de Pixérécourt, le triomphe du mélo 35

Eugène Scribe, l'« artiste bourgeois »,
professionnel de la pièce bien faite 38
Alfred de Musset, cas unique de carrière *post mortem* au théâtre 39
Victor Hugo, chef de file du combat romantique 41
Alexandre Dumas, la formidable machine à écrire 42
Alexandre Dumas fils, le père de LA DAME AUX CAMÉLIAS 44
Honoré de Balzac, immense romancier,
mais auteur dramatique raté 47
Eugène Labiche, l'art de croquer le bourgeois et de lui plaire 49
Meilhac et Halévy, un tandem d'auteurs
gagnants sur tous les terrains 51
Edmond Rostand, derniers feux de la rampe
pour l'alexandrin romantique 52
Georges Feydeau, maître du vaudeville, le rire à la folie 53
Alfred Jarry, créateur d'Ubu et auteur d'une seule pièce 55
Romain Rolland, un homme et une œuvre engagés 56
Georges Courteline, l'art de la forme courte 57
Paul Claudel, une carrière et une œuvre atypiques 59
Jean Giraudoux, écrivain de théâtre sous le signe de Jouvet 60
Sacha Guitry, roi du boulevard 61
Jean Cocteau, touche à tous les arts du siècle 63
Marcel Pagnol, nouveau ton du boulevard
et créateur de personnages 64
Jean Anouilh, une œuvre du rose au noir,
hors les sentiers battus du boulevard 67
Eugène Ionesco, un théâtre totalement nouveau,
si vite devenu classique 68
Samuel Beckett, autre révolution de l'écriture,
triomphe de l'épure 70
Jean Genet, marginalité reconnue, voire récupérée 72
Ariane Mnouchkine, l'aventure originale de la création collective.... 74
Bernard-Marie Koltès, la Rencontre avec Chéreau
et le mal de vivre incarné 78
Jérôme Savary, homme de théâtre, chef de troupe,
adaptateur et auteur 80

2. Les genres du répertoire, hier, aujourd'hui et demain.... 83

Abécédaire résumé (100 genres) 87
L'absurde (théâtre de) 95
Le boulevard 96
La comédie 99
Le drame 101
La farce 104
Grand spectacle (pièce ou théâtre à) 107
Le *one-man (woman) show* et le sketch 113
La tragédie 116
Le vaudeville 119

3. Toutes les questions et quelques réponses pour guider l'auteur à venir 121

Acte 1 – Les chemins qui mènent à l'écriture théâtrale 122
Question de talent ou de génie,
de métier, de travail ou de passion ? 123
Comment apprendre ? 126
Écrire seul – ou sinon, avec qui ? 128
Pourquoi écrire ? 131
Existe-t-il des lois, recettes, règles, ficelles, etc. ? 133
Le fond et la forme 135
Acte 2 – Questions préalables à l'écriture d'une pièce 137
La part de la technologie, plus ou moins importante 137
Écrire pour un ou 20 personnages 139
Écrire sur mesure pour tel ou telle interprète 140
Écrire pour soi ? 140
L'adaptation d'un texte préexistant 141
Plagiat, copie, imitation et autres formes d'inspiration 144
Le public, les publics : y penser ou pas en écrivant ? 148
Les atouts gagnants d'une pièce 150
Acte 3 – L'écriture et les questions pratiques
qui se posent au fur et à mesure 154
Le temps ne fait rien à l'affaire 154
Faut-il faire un plan ou se laisser porter par l'élan ? 155

Écrire court 156
Le titre, la belle affaire ! 157
Les didascalies ou indications scéniques 158
Les personnages : pour donner vie à la pièce 160
Les dialogues : pour donner vie aux personnages 162
Trois mises en garde élémentaires pour auteur débutant 164
Finir : entêtement dramatique, oui,
acharnement thérapeutique, non 165
Faire lire, et d'abord se relire à haute voix – indispensable ! 166
Acte 4 – Post scriptum : être lu, et joué 168
Comment présenter sa pièce,
entre manuscrit et lecture publique ? 168
Trouver producteur, salle, interprète, metteur en scène 169
Et la crise du théâtre ? 171
Vive concurrence des étrangers et des classiques 173
Secteur privé ou secteur public ? 176
Et l'édition théâtrale : pis-aller, impasse ou débouché ? 178

Épilogue. **Toujours vivant,
le théâtre aura toujours besoin d'auteurs** 181

INDEX GÉNÉRAL 185
INDEX DES NOMS PROPRES 195
INDEX DES ŒUVRES CITÉES 199

Table des encadrés

Petite histoire du théâtre dans la société 2
L'âge de l'auteur et la durée d'une carrière 10
La *commedia dell'arte* fait école pendant deux siècles 19
Guerre comique, côté foire 26
Veine créatrice à la foire – suite et fin 28
Grève de la plume pour la défense des droits d'auteur 32
Coup de théâtre de Frédérick Lemaître :
détournement de mélo à L'AUBERGE DES ADRETS 36
Auteurs et acteurs, fils de…, frère de…, les familles par le sang 44
Nouveau coup de théâtre de Lemaître :
VAUTRIN, entre autres victimes 47
Spectacle toujours en crise, mais théâtre toujours vivant 65
Comment l'on devient auteur… dans le genre absurde 68
Place des femmes au théâtre : une féminisation contrastée 75
Genres et salles éphémères : Grand-Guignol et Théâtre en rond 84
Une farce réussie, une leçon d'écriture : MAÎTRE PATHELIN 104
LA PASSION, théâtre de masse, spectacle populaire et mythique 108
Pièce à machines et machines sans pièce,
la folie du grand spectacle 110
Les créateurs parlent création : à chacun sa vérité 123
Écrire une pièce en collaboration : un choix, parfois une nécessité .. 129
Crise d'auteurs au théâtre 172
Un vrai statut pour l'auteur de théâtre dramatique 182

Le vray portrait de Mr de Molière en habit de Sganarelle.

PROLOGUE

L'irrésistible attrait exercé de nos jours par la scène

Le phénomène touche les auteurs comme les acteurs, les vedettes comme les débutants et même les réalisateurs de film qui se font metteurs en scène, ou les couturiers qui deviennent costumiers.

Est-ce pour l'argent (quelques gros lots) ou pour la gloire (en un jour, en un soir) ? Voire… Nous verrons.

Par vocation, assurément, ça existe ! Nous en reparlerons.

Et d'abord, pour le plaisir ! Comme le dit un philosophe et romancier, venu à l'écriture dramatique :

> *Pourquoi ai-je fait du théâtre ? Je me le suis souvent demandé.*
> *La seule réponse que je puisse faire jusqu'à présent*
> *vous paraîtra sans doute d'une décourageante banalité :*
> *tout simplement parce que le théâtre est l'un des lieux du monde*
> *où je suis heureux.*
> Albert Camus

Fait constant depuis des siècles, un tel attrait peut paraître aujourd'hui un sacré paradoxe, face au déclin historique du spectacle vivant !

Petite histoire du théâtre dans la société

L'attrait pour le théâtre semble paradoxal à notre époque, vu l'environnement économique, social et culturel, apparemment peu favorable.

Rappelons l'Antiquité grecque et latine, l'importance des jeux et la place du théâtre dans la cité antique, avec un héritage mythique dont nous profitons encore…

Évoquons les dix siècles du Moyen Âge, ce temps de la foi et de la fête qui rassemble idéalement tout le peuple, mais dont le répertoire a quasiment disparu…

Passons très vite sur la Renaissance française un peu ratée, tandis que le théâtre élisabéthain fait la gloire du long règne d'Élisabeth Ire (Shakespeare et Cie), que le Siècle d'or espagnol brille de tous ses feux baroques et que la *commedia dell'arte* fait le tour de l'Europe pour le bonheur de tous les publics !

Restent trois siècles où le spectacle vivant a pratiquement le monopole des loisirs et où le théâtre français prospère et se renouvelle, avec une vitalité sans égale.

Le Grand Siècle classique bénéficie du mécénat royal de Louis XIV qui dope la création artistique. Comédie et tragédie en profitent, avec une génération plus ou moins spontanée de génies : Molière, Corneille, Racine et le quatrième mousquetaire, Lully, qui invente l'opéra à la française.

Le Siècle des Lumières vit une théâtromanie qui touche tous les rangs de la société, le théâtre amateur fait fureur, la concurrence des grandes scènes – joliment dite « guerre comique » – stimule l'inspiration des meilleures plumes et la multiplication des genres dramatiques.

Le capitalisme du XIXe siècle invente l'industrie du spectacle, la demande explose, l'offre suit et s'adapte aux goûts des divers publics. Les fabricants de « pièces bien faites » font carrière et souvent fortune, des auteurs à l'univers plus personnel tentent leur chance sur la scène qui attire également les romanciers, les feuilletonistes, les journalistes…

Le XXe siècle va suivre sur cette lancée. L'arrivée d'un nouveau personnage, le metteur en scène, fait concurrence à l'auteur. Mais cela lui permet d'être joué, et même jouable, quand ce « maître du jeu » l'aide à écrire pour la scène ou pour l'écran.

Le théâtre est pourtant en perte de vitesse économique, et l'ensemble du spectacle vivant est concurrencé par le cinéma, le sport, l'automobile et les petites ou grandes vacances, la télévision, l'Internet, les jeux vidéo. Tous ces loisirs prennent de plus en plus de place dans le budget temps et argent d'un consommateur très sollicité !

Et l'avenir ? N'écoutons pas les prophètes de malheur et les philosophes de la crise séculaire, ou du moins, prêtons foi à d'autres arguments et prenons-en le pari. Oui ! Le spectacle vivant restera, survivant à tout malgré sa part minoritaire et décroissante. Sa belle époque étant passée, sa particularité fera sa force, dans un monde de supermarchés, d'hyperconsommation, de reproduction à la chaîne et de virtuel envahissant.

> *Le nombre des écrivains est innombrable et ira toujours croissant, puisque c'est le seul métier, avec l'art de gouverner, qu'on ose faire sans l'avoir appris.*
> Alphonse Karr

Ainsi, de plus en plus de gens écrivent – et particulièrement pour le théâtre. En témoigne le nombre de manuscrits déposés auprès des sociétés d'auteurs ou proposés aux acteurs, directeurs de salles et autres décideurs.

Beaucoup d'appelés, peu d'élus. Il en va ainsi dans toutes les professions artistiques, mais ce n'est pas une raison pour décourager la vocation.

Il faut seulement guider le talent – surtout au théâtre. Donner des pistes de réflexion, des exemples à suivre, ou ne pas suivre – les échecs sont intéressants à méditer, autant que les succès. Rappeler quelques lois ou règles – oui, ça existe ! Et d'abord, tirer leçon des auteurs passés et des textes toujours joués.

Le théâtre, bien plus que la littérature, la chanson ou le cinéma, vit sur un répertoire repris sans fin, parfois réécrit, éternellement remis en scène sous le terme abusif de création.

> *Rien ne se perd, rien ne se crée, tout se transforme.*
> Antoine Lavoisier

Et tout se recycle et se renouvelle, pour paraphraser les mots du célèbre savant Antoine Lavoisier, d'ailleurs empruntés à un philosophe grec.

C'est fou, tout ce que nous devons aux Grecs – y compris dans le domaine du théâtre.

En tout cas, la génération spontanée n'existe pas plus que la révolution totale ! Et la tradition a la vie dure. Cela peut sembler pesant parfois, mais dans un monde qui manque de repères, c'est plutôt rassurant.

Partant de ces premiers constats, cet essai va se jouer en trois tableaux :

1. Auteurs de théâtre, exemplaires par leur vie ou leur œuvre

Anecdotes et faits divers biographiques les plus marquants, coulisses et secrets de fabrication, contés au fil de l'histoire pour 40 auteurs plus ou moins célèbres.

2. Les genres du répertoire, hier, aujourd'hui et demain

Ce qui résiste à l'épreuve du temps, la réalité de ce qui se joue, 10 genres sur 100 évoqués, face à la somme infiniment variée de ce qui s'est donné en spectacle au fil des siècles.

3. Toutes les questions et quelques réponses pour guider l'auteur à venir

Tirant parti de l'expérience des autres et de ce qui est aujourd'hui à l'affiche au théâtre, des conseils regroupés en 30 points, pour qui veut se lancer dans l'écriture d'une pièce.

La présentation en 100 articles (dont 20 encadrés), avec une table des matières détaillée et trois index (général, noms propres et œuvres citées), permet au lecteur une approche ciblée sur tel ou tel sujet.

Exemples, illustrations, anecdotes, citations... tout est bon pour faire passer le message à double portée : notion de culture générale et technique d'écriture théâtrale.

Qu'est-ce que le lecteur peut en attendre ?

Certaines curiosités satisfaites, la réponse à bien des questions, une réflexion plus sûre, et pourquoi pas d'autres questions, d'autres curiosités ?

Une idée de pièce glanée ici et là ou un plan qui se précise enfin, des personnages qui se mettent à parler, à vivre... Voilà le lecteur prêt à écrire !

En tout cas, et sans nul doute, il sera prêt à voir, entendre, savourer ou critiquer la prochaine pièce en amateur éclairé – et cela est essentiel. Être un spectateur averti est l'un des chemins qui mènent à l'écriture théâtrale, le plus simple, et même le plus sûr.

Salle Ventadour en 1843.

1

Auteurs de théâtre, exemplaires par leur vie ou leur œuvre

Les auteurs encore joués ou simplement cités après leur mort sont une infime minorité, de l'ordre du 1/500e : sélection impitoyable dans le temps !

Figurent ici des noms qui restent pour avoir marqué leur époque, les générations suivantes et les autres pays. À partir du XVIIe et pour plus de trois siècles, notre répertoire national est le plus florissant et nous nous limiterons à ce terrain.

Au total, voici donc 40 auteurs de théâtre au sens large. Une histoire du spectacle s'en dégage – très courte, mais si riche ! Professionnels du spectacle, amateurs ou spectateurs, nous vivons tous sur cet héritage.

On découvre au passage que la plupart de ces auteurs sont des personnalités hors du commun, disons même des personnages de théâtre…

À partir de leur vie et de leur œuvre, nous allons « mettre le projecteur » sur leur originalité, leur apport. Et tirer quelques lois, voire quelques leçons pratiques, en tout cas claires et illustratives pour l'auteur d'aujourd'hui.

Homère (VIIIe siècle avant J.-C.), mythique et source de mythes !

> *Le monde naît, Homère chante. C'est l'oiseau de cette aurore.*
> Victor Hugo

> *C'est le plus grand. C'est le patron. C'est le père.*
> *Il est le maître de tout.*
> Charles Péguy

Tout est dit, et tout reste à dire !

De sa vie, que sait-on ? Rien ou presque. Grec d'Asie mineure, « vieux poète, aveugle et misérable » – l'aveugle a le don de voir l'invisible dans les civilisations antiques, c'est beau comme une légende. Au point que même son existence est douteuse – ce genre de mystère est fatalement porteur de mythe.

Ainsi, Homère est un personnage mythique. Il partage ce privilège avec les deux autres géants, Shakespeare et Molière, dont l'écriture même est toujours mise en doute par diverses thèses plus ou moins révisionnistes !

Devenir un auteur mythique est difficile, sauf à galvauder le mot.

L'essentiel est quand même l'œuvre, géniale, n'ayons pas peur du mot, quand il s'impose quasiment à l'unanimité des connaisseurs.

> *Le seul auteur du monde*
> *qui n'ait jamais saoulé ni dégoûté les hommes.*
> Montaigne

Homère étant quasiment le premier, il lui a été « facile » de tout créer. Ainsi, tout commence avec le genre épique – théâtre ou poésie, les deux se confondent, en cette nuit des temps dramatiques.

Homère a surtout créé un univers de héros mythiques : Ulysse et Agamemnon, Pénélope et Télémaque, Hector, Achille et Patrocle, Hélène et Ménélas, Andromaque... C'est l'ILIADE et l'ODYSSÉE, qui content la guerre de Troie, les derniers combats, la ruse et la vengeance, puis les aventures d'Ulysse sur le chemin du retour en son royaume d'Ithaque.

Source d'inspiration inépuisable pour les auteurs de tous les temps et de tous les genres ! Racine, Offenbach, Giraudoux... Le poète grec a vraiment marqué le répertoire théâtral.

Chaque siècle peut ressusciter à sa manière les personnages d'Homère, c'est une mine d'or. Alors, auteurs, à vos plumes !

Homère est enfin à l'origine du mot « homérique » (grandiose, épique, fabuleux), qualificatif justifié quand on pense à son apport... homérique.

Sophocle (vers 495-406 avant J.-C.), tragédien accompli et toujours poète à 90 ans

Vie et œuvre exemplaires à divers titres.

Auteur grec de tragédies le plus célèbre, Sophocle révolutionne la forme théâtrale en introduisant un troisième acteur en scène, et les rebondissements de l'intrigue. Il réduit l'importance du chœur antique, au bénéfice des dialogues et de l'autonomie des personnages en lutte contre le destin. Ainsi, le théâtre devient Action. Que la leçon soit retenue... Ce sera même la règle numéro un de tout un répertoire talentueux, génial ou laborieux, mais toujours efficace.

Buste de Sophocle.

Ses personnages sont mythiques, comme ceux d'Homère. Ils sont cependant moins nombreux, la plupart de ses textes ayant été perdus – sur 123, il ne reste que 7 tragédies ! Les plus recopiées, donc sans doute les meilleures. ANTIGONE, ŒDIPE ou encore ÉLECTRE sont source d'inspiration universelle et éternelle. Qu'il les ait ou non créés, c'est à partir de sa création que l'inspiration des autres auteurs va jouer.

La vie de Sophocle nous est mieux connue que son œuvre. Sa carrière dramatique fut exceptionnellement longue : il débute à 16 ans, triomphe à 28 de son confrère Eschyle, vieillissant, accumule les succès dans divers concours organisés par la Cité, bénéficiant par ailleurs de son amitié avec Périclès, à qui l'on doit le « Siècle d'or » athénien. La proximité des artistes avec le pouvoir est fréquente, au fil de l'histoire. Et quand se rencontrent de grands talents, voire des génies, cela fait des miracles.

Enfin, Sophocle a connu un triomphe posthume avec sa dernière pièce. Son fils, médiocre poète tragique, tentait de mettre sous tutelle son vieux père. Comment prouver qu'on n'est pas gâteux à 90 ans ? Belle idée d'auteur – et de pièce ! Lire l'un des passages de l'œuvre qu'il écrivait, ŒDIPE À COLONE. Naturellement, le dramaturge gagna son procès.

L'âge de l'auteur et la durée d'une carrière

On peut commencer jeune à écrire pour le théâtre, mais on réussit rarement sa première œuvre – à l'inverse du romancier et surtout du poète, plus précoces. En tout cas, pas d'enfant prodige comme chez les compositeurs – Mozart et autres.

Être joué est par ailleurs plus difficile qu'être édité. Enfin, nombre d'auteurs dramatiques sont venus à l'écriture en étant d'abord écrivains, journalistes ou acteurs – comme Molière. Cet apprentissage prend du temps. Écrire pour la scène devient un métier.

La génération romantique des Hugo-Dumas-Musset se lance entre 20 et 23 ans : exemple d'une précocité peu commune. Citons aussi l'« effrayant génie » de Claudel, poète dramatique à 20 ans, mais qui fera carrière bien plus tard, ou Sacha, fils de Lucien Guitry, qui débute comme auteur à 16 ans et s'impose à 20 ans au boulevard : deux surdoués, chacun dans son genre.

La longévité créatrice des Anciens et des Classiques est stupéfiante, en des temps où l'espérance de vie est deux ou trois fois plus brève !

Eschyle, 69 ans, auteur et acteur, poète de dimension shakespearienne, admiré par Hugo ; Euripide, 74 ans, le plus copié au monde comme modèle et toujours le plus joué ; Sophocle, 90 ans, acteur (médiocre) et auteur fécond jusqu'à la mort. De Gaulle, qui assimilait la vieillesse à un naufrage, citait ce génie créateur, et réconfortant.

Autre trio célèbre, les Espagnols du Siècle d'or. Lope de Vega, 74 ans, l'auteur qui a le plus écrit au monde et l'un des plus précoces, joué à 12 ans par une troupe professionnelle ; Tirso de Molina, 64 ans, quelque 400 pièces, créateur du mythe de Don Juan (LE TROMPEUR DE SÉVILLE) ; enfin Calderon, 81 ans, 500 pièces à son actif (LA VIE EST UN SONGE).

Duo-duel étonnant des deux Carlo, Italiens du XVIIIe siècle : Goldoni, 86 ans, exilé à Paris et continuant d'écrire (en français) pour la Comédie-Italienne et la Comédie-Française, et Gozzi, 86 ans – mais lui cesse d'écrire relativement jeune.

La France a ses grands exemples de longévité dramatique. Corneille écrit pendant près de cinquante ans et multiplie les chefs-d'œuvre en tous genres, quand le génie du jeune Racine met fin à sa suprématie. Voltaire, tragédien des Lumières, assiste à la Comédie-Française au triomphe de sa dernière pièce, IRÈNE, et voit son buste couronné en scène à 84 ans.

Les retraites précoces sont une autre particularité du métier. La cause (apparente) en est presque toujours un échec.

Racine renonce au théâtre à 37 ans, après la cabale contre sa PHÈDRE, mais il écrira encore deux tragédies, à la demande de Mme de Maintenon. Le cas Musset est le plus frappant : à 20 ans, il renonce à écrire pour la scène, après le désastre de sa première comédie, LA NUIT VÉNITIENNE, jouée un seul soir de 1830. Il continue d'écrire des pièces (pour l'édition), d'où la plus belle carrière *post mortem* de l'histoire du théâtre ! Mais à 26 ans, c'est un auteur « fini », physiquement épuisé. Il a tout dit. Hugo, connu pour sa longévité d'auteur, et d'amant, renonce à la scène relativement jeune, à 41 ans, au lendemain de l'échec des BURGRAVES.

Rossini, « el Signor Crescendo », n'a cessé d'étonner ses contemporains : précocité (4 opéras écrits l'année de ses 20 ans), facilité (15 jours pour honorer la commande du BARBIER DE SÉVILLE) et retraite anticipée à 38 ans – il en a encore 39 à vivre. L'échec relatif de GUILLAUME TELL, à l'Opéra de Paris, n'explique pas ce qui reste un mystère. Et Rossini vivra une retraite dorée, mondaine et très parisienne.

Une (bonne) carrière dure en moyenne entre 15 et 20 ans, ce qui est logique : le temps qu'une génération de spectateurs en remplace une autre. Les grands professionnels de la plume au XIXe siècle ont réussi à tenir trente ans, progressant dans leur métier, s'adaptant aux goûts du public, aux modes, au renouvellement des genres.

Plaute (vers 254-184 avant J.-C.), l'école du rire

Antique ne rime pas fatalement avec tragique ! Déjà Aristophane, peu après Sophocle, régalait le public athénien de ses comédies, satires sociales ou pamphlets politiques.

La popularité de Plaute à Rome fut encore plus réjouissante.

Fuyant sa famille, acteur dans une troupe, vendeur de matériel théâtral, ruiné par de malheureuses affaires dans le commerce maritime, reconverti en apprenti meunier chez un boulanger, il écrit à temps perdu et vend ses textes aux magistrats chargés des spectacles, avant de pouvoir vivre de son nouveau métier. Cette existence en forme de canevas comique a fait penser que Plaute était le personnage imaginaire d'une comédie à la Plaute... Mise en abyme à la Pirandello. Parions que Plaute a quand même été Plaute pour de vrai.

L'essentiel, c'est l'œuvre. Une vingtaine de comédies, inspirées dans la forme et le fond des bons auteurs comiques grecs – tous les Latins ont plus ou moins copié les Grecs, et l'Europe va suivre...

Le schéma est simple. Un prologue pose la situation et parfois résume la pièce. Les personnages sont typés, voire caricaturaux : le vieil avare, le soldat fanfaron, le marchand d'esclaves et l'esclave rusé croisent le jeune libertin dépensier, la courtisane coquette, la fille modeste et vertueuse, une mère revêche, un père sévère... dans une intrigue à la fois simpliste et embrouillée par le mensonge et la confusion d'identités.

On chante, on danse, on mime à l'excès. Le dialogue familier s'enrichit d'hellénismes et de néologismes, avec des références latines pour plaire au public. Plus que des scènes, les sketches se succèdent, avec recherche systématique de l'effet – une loi du genre.

Plaute aboutit avec talent à un genre comique très codé, la farce, qu'on va retrouver au Moyen Âge, et aujourd'hui encore, seul genre survivant à cette époque (voir page 104) !

Il va inspirer, entre autres, Molière, avec AMPHITRYON (qui est déjà une parodie mythologique chez Plaute) et LA MARMITE (devenu L'AVARE).

William Shakespeare (1564-1616), le génie universel et le mélange des genres

En quelques lignes...
Une vie aussi mal connue que l'œuvre est célèbre. Ce mystère est à l'origine de conjectures parfois délirantes.
Ainsi, impossible de savoir la part autobiographique de ses pièces, dont la paternité lui fut contestée. Et si Marlowe était l'auteur ? ou Francis Bacon (grand philosophe, histo-

Gravure de Shakespeare.

rien et moraliste). Et pourquoi pas la reine Élisabeth Ire ? On refera le même coup à Molière. Il y a d'autres similitudes entre les deux destins : imaginons les deux hommes qui en sourient encore, au ciel, un dialogue au sommet, et cela ferait une pièce.

À l'instar de Molière, Shakespeare est acteur et auteur au sein d'une troupe attachée à un riche mécène – fréquent à l'époque et la meilleure école qui soit. Comme pour Molière, le mécénat devient royal, consécration suprême. Shakespeare mourut riche, et au même âge que Molière, mais retraité.

Comme Molière, il vit à une période particulièrement faste pour le théâtre de son pays, entouré de quelques génies : la concurrence est stimulante.

Shakespeare a écrit 37 pièces en 33 ans. Autant de chefs-d'œuvre. Le mot convient certes à Homère, Sophocle et autres grands dramaturges grecs et latins, mais leurs textes nous sont, malgré tout, étrangers. Alors que Shakespeare est notre frère et notre contemporain – comme Molière, dans un autre style.

Aussi à l'aise dans la comédie que la tragédie, la farce et la fresque historique, il pratique le mélange des genres avec autant de naturel que de virtuosité. Autodidacte et intuitif, on dirait qu'il a tout compris, tout réinventé, créé un monde qui ne va plus cesser de vivre après lui. Des personnages si humains, et devenus mythiques, surtout ses héros tragiques : ROMÉO ET JULIETTE, MACBETH, LE ROI LEAR, HAMLET, OTHELLO, RICHARD II, RICHARD III, quelques HENRY IV, HENRY V, HENRY VI, HENRY VIII... La langue poétique et imagée résiste même à la traduction trahison. Et la légèreté de ton fait merveille dans les comédies : LE SONGE D'UNE NUIT D'ÉTÉ, COMME IL VOUS PLAIRA, LA NUIT DES ROIS.

Shakespeare séduit tous les publics à la fois et crée ce théâtre populaire de qualité qui fait rêver tous les hommes de spectacle. Lui a réussi ce miracle et la critique de son temps lui a rendu hommage.

Il n'a pas fait école, un tel maître trouve difficilement des successeurs. Il a même été oublié un petit siècle dans son pays, mais fatalement redécouvert – par Voltaire en exil (voir page 145). Il a été admiré, sinon toujours compris, il a inspiré le théâtre romantique. L'opéra, le ballet, le cinéma ont adapté la plupart de ses pièces, et plusieurs fois ! La célèbre comédie musicale WEST SIDE STORY est une transposition de ROMÉO ET JULIETTE, déjà mis en musique (lyrique) plus de trente fois en trois siècles !

Bref ! Le génie est payant, et reconnu. L'œuvre de Shakespeare reste une mine inépuisable pour les adaptateurs et pour les auteurs originaux, un modèle sur tous les plans. Une bibliographie pléthorique est là pour détailler, expliquer, argumenter à l'infini. Mais rien ne vaut le retour aux sources. Il y a toujours un Shakespeare à l'affiche, allez le (re)découvrir !

Félix Lope de Vega (1562-1635), le plus prolifique des dramaturges et l'inventeur de la tragi-comédie

Dans la catégorie « grands travailleurs de la plume », voici « le Phénix », record mondial, historique et imbattable de fécondité. En 62 années de carrière, cet Espagnol du Siècle d'or crée à lui seul l'équivalent de tout le théâtre élisabéthain (Shakespeare et ses talentueux confrères) ! Plus de 2 000 pièces (parfois en 3 actes), dont 400 drames religieux (*autos sacramentales*), l'homme en crise spirituelle étant entré dans les ordres.

Il pratique tous les autres genres littéraires : poésie épique, didactique et lyrique (3 000 sonnets), roman et nouvelle, pastorale, intermède, histoire, lettres, critique... Et polémique avec ses confrères, dont l'illustre Cervantès.

Il invente la *comedia nueva* ou tragi-comédie à l'espagnole, et l'on distinguera en Espagne le théâtre d'avant et d'après Lope. Par souci de convaincre et de donner les clés, propre à beaucoup de créateurs, il théorise cet art nouveau : mélange des genres (comédie et tragédie), règle d'unité d'action (en 3 actes) seule retenue comme essentielle au théâtre, et une loi, plaire au public de son temps, l'unique juge qu'il se reconnaît.

La quantité rime ici avec la qualité. Lope n'a pas en France la célébrité qu'il mérite – citons quand même LE CAVALIER D'OLMEDO, LE CHIEN DU JARDINIER, L'ALCADE DE ZALAMEA. Sa liberté de création et son refus des bienséances effraient ce XVIIe siècle corseté par les (trois) règles et l'Académie.

L'homme sera donc prophète en son pays. Un adage en témoigne : « Es de Lope » (« C'est de Lope ») désigne quelque chose d'excellent.

Autre hommage à son immense talent, et preuve de sa popularité, Madrid qui a jadis banni le jeune homme lui fait des funérailles nationales.

Cette œuvre considérable pourrait être le fruit d'un travail de « bénédictin », en l'occurrence un prêtre confiné dans sa cellule, en tête à tête avec ses personnages et toujours penché sur ses manuscrits. La réalité ? Sa vie est aussi foisonnante que son œuvre, et Lope de Vega, le héros le plus « incroyable mais vrai » de tous nos auteurs.

D'origine modeste, talent précoce, il a recherché la gloire et la fortune, multiplié les protecteurs, accumulé les liaisons amoureuses avec enlèvements, ruptures, concubinages, procès, scandales, veuvage…, avant d'entrer dans les ordres, et de retomber amoureux ! Pour finir toujours créatif, mais solitaire, ses femmes et ses enfants étant presque tous morts avant lui.

Moralité ? Il n'y a pas à choisir entre la vie et l'œuvre, si les deux vont de pair, dans l'élan d'une même passion. Tel sera le cas de Hugo et Dumas, deux forces de la nature à la française. « Monstre de la nature », Lope mérite seul ce titre, en Espagnol du Siècle d'or !

Alexandre Hardy (vers 1570-vers 1632), le premier à vivre de sa plume dans notre pays

> *France, mère des arts, des armes et des lois…*
> Joachim du Bellay

C'est parler en poète de la Renaissance. Mais pour l'art théâtral, notre pays est en retard d'un demi-siècle sur l'Angleterre, l'Espagne et l'Italie – qui n'est pas encore un pays, mais a déjà créé et essaimé en Europe sa *commedia dell'arte*.

La France va se rattraper avec le mécénat, les troupes professionnelles, et trois siècles de création ininterrompue – fait unique, incontestable et admirable !

Hardy n'a certes pas laissé un grand nom dans la littérature dramatique. Il a seulement réalisé le rêve de tout auteur de pièces, à savoir vivre de son métier, comme les acteurs de la troupe ! La fortune viendra plus tard.

La réalité impose des contraintes à décourager bien des vocations de fils de famille. Il faut se lier à une troupe et la suivre en tournée, fournir à la demande du directeur et tailler des rôles sur mesure pour les acteurs, s'adapter au goût des divers publics ou obéir au désir du mécène. Et, à l'occasion, interpréter ou mettre en scène, ce qui permet à l'auteur de toucher sa part, comme tous les membres de ces troupes qui fonctionnent démocratiquement, en société. C'est ce que fit Hardy, tout comme la plupart des auteurs qui vont faire carrière.

Il est « poète à gages » de la meilleure troupe de l'époque (dite les Comédiens du Roi, pour faire chic). On ignore ses origines, sa vie, mais il occupe la scène pendant le premier tiers du XVIIe siècle. Ses tragédies, pastorales, comédies et tragi-comédies s'inspirent de mythologie grecque, romans italiens, conteurs espagnols et dramaturges élisabéthains. Déjà, que de modèles pour écrire !

Il a appris des spectateurs la règle de tout bon faiseur de théâtre : tenir en haleine par une action trépidante et multiplier les rebondissements, jusqu'au dénouement.

Son œuvre se situe entre la farce vulgaire et le divertissement savant – deux pôles constants de notre théâtre ! Entre la masse du peuple et l'élite des lettrés, l'auteur forme un nouveau public provincial et parisien, et l'amène au spectacle.

Mais Hardy écrit beaucoup, trop et trop vite pour son talent : 300 à 400 pièces, 35 éditées, pas une seule restée au répertoire ! Trente années de labeur acharné pour (sur)vivre de sa plume : c'est son titre de gloire, dans cette histoire.

Molière (1622-1673), l'incarnation du théâtre en France

Le français, c'est « la langue de Molière », comme l'anglais est « la langue de Shakespeare ». On ne peut rendre plus bel hommage à un auteur, et ce privilège revient à deux auteurs dramatiques qui vivaient il y a quatre siècles !

Molière est l'auteur français le plus joué, en France et dans le monde. Donnons quelques clés pour comprendre le phénomène.

C'est l'homme de théâtre total : auteur, acteur, metteur en scène (avant la lettre), chef de troupe, directeur de théâtre, producteur (on disait à l'époque « monteur de spectacles »).

Portrait de Molière, par Mignard.

Particulièrement attachant, très français par son équilibre, proche de notre sensibilité et de ses personnages, il a travaillé et souffert pour son art, connu les échecs et la plus éclatante réussite, en une vie exemplaire, jusqu'à la fin.

Pourtant, à l'inverse de nos deux autres grands classiques, Corneille et Racine, Molière n'est pas un génie inné, ni même un auteur né !

Le jeune Jean-Baptiste Poquelin s'est formé sur le terrain : bonne école, mais débuts difficiles. Fils de bourgeois parisien (père Tapissier du roi, charge enviable), il a la vocation des planches et s'est épris d'une comédienne connue, Madeleine Béjart – aimable rencontre. La concurrence est rude à Paris – oui, déjà ! Son « Illustre-Théâtre » fait faillite. Quelques jours de prison pour dettes, puis il part en tournée avec la famille Béjart, et son pseudo pour l'éternité.

Molière apprend à trouver de l'argent auprès des mécènes – théâtre éternellement en quête de financement. Une stratégie adroite le ramène à Paris, et jusqu'au roi. Désormais dans les allées du pouvoir, Molière est là où il faut être pour avoir pension et protection – habile, pas servile comme tant de confrères !

Il apprend du public l'efficacité scénique dans le jeu et les répliques. Il apprendra le mime d'un maître italien, Scaramouche, qui partage sa salle à Paris. On apprend toujours, au théâtre – loi connue de tous les grands, auteurs ou acteurs.

Molière est d'abord acteur : doué d'un naturel que d'aucuns lui reprochent, comique né, mais piètre tragédien, malgré tous ses efforts – le genre comique est payant, mais moins bien vu. Encore une loi qui vaut de nos jours !

« Molière écrivain malgré lui », ce serait un titre de pièce, et c'est la réalité. Il doit fournir des textes à la troupe, comme Hardy. Des farces en province – c'est le genre populaire. Puis des comédies, pour le public plus raffiné du Palais-Royal, pour la cour et le roi, à partir des PRÉCIEUSES RIDICULES (1659).

Il écrit dans l'urgence : LES FÂCHEUX en 15 jours (en collaboration) – et il crée la comédie-ballet. Il lui faut réécrire en cas de censure – la troupe attend le texte.

À travers ces contraintes, il crée surtout un genre nouveau et très français, la grande comédie – de mœurs, de situation, de caractère. D'abord L'ÉCOLE DES FEMMES, 5 actes en vers. Il joue Arnolphe. On identifie Agnès à sa jeune femme, Armande (sœur cadette de Madeleine, ou sa fille, et l'on osera parler d'inceste). Succès, scandale – deux termes souvent associés. Le voilà lancé, à 40 ans.

Fort de l'amitié de Louis XIV, avec sa troupe devenue Troupe du roi, il ose DOM JUAN. Refait son TARTUFFE (censuré), enfin triomphant. Et enchaîne les chefs-d'œuvre : LE MISANTHROPE, GEORGES DANDIN, LE BOURGEOIS GENTILHOMME (comédie-ballet en collaboration avec Lully), LES FOURBERIES DE SCAPIN, LES FEMMES SAVANTES... jusqu'au MALADE IMAGINAIRE, dernière pièce, dernier rôle.

La fin de sa vie est tragique : riche, certes, mais trahi par Lully, haï de tous ceux à qui ses pièces firent ombrage, poursuivi par les rumeurs, abandonné du roi, très seul après la mort de son amie Madeleine, malheureux en ménage avec Armande, malade, miné par la tuberculose, il meurt épuisé, à 51 ans.

Dans LA CRITIQUE DE L'ÉCOLE DES FEMMES, sa leçon de théâtre est simple :

Je voudrais bien savoir si la grande règle
de toutes les règles n'est pas de plaire... (mais)
C'est une étrange entreprise que celle de faire rire les honnêtes gens.
Molière

La *commedia dell'arte* fait école pendant deux siècles

Née au milieu du XVIᵉ siècle en Italie, la *commedia dell'arte* (« de métier » en français) donne au théâtre les premières troupes professionnelles : à la fois rentables pour les artistes et requérant un savoir-faire partout admiré. Atout supplémentaire : rôles féminins tenus par des femmes, habiles à faire rire comme à séduire et promptes à se dévêtir en scène, mais surveillées de près à la ville par les pères, frères et maris jaloux – les troupes sont très familiales.

Personnages de la *commedia dell'arte*.

Les Italiens, qui s'adaptent au goût de chaque public, peuvent tout jouer à la demande : pastorales, tragédies, comédies, farces. C'est dans ce genre qu'ils triomphent, créant Arlequin, Scaramouche, Polichinelle, Pierrot et tant d'autres « créations-créatures », masquées comme au carnaval, d'où le nom de *comédie des masques*.

Dans ce répertoire, pas d'auteur identifié. Les acteurs ont un canevas, ou plus précisément un scénario (fil conducteur, scène par scène). Certains passages appris par cœur sont replacés, les *lazzis* (gags de mots ou de gestes) se répètent et se transmettent, d'autres sont écrits par l'acteur, le reste improvisé aux moments prévus pour ces morceaux de bravoure. C'est donc une forme de création collective, qui reste anonyme.

Premier ministre du très jeune Louis XIV, Mazarin, né Mazarini, favorise ses compatriotes, alors que son mécénat d'État néglige les Français – d'où son impopularité. En 1645, il installe à Paris la troupe de Tiberio Fiorilli, alias Scaramouche, du nom de son personnage. Promus Comédiens-Italiens du roi, ils partageront leur salle avec la troupe du nouveau favori, Molière. Entente parfaite entre confrères, certes rivaux, mais loyaux. Cette coexistence pacifique entre les deux hommes et les deux troupes condamnées à l'alternance est unique dans les annales du théâtre, et tout à leur honneur.

Molière, acteur et auteur, apprend beaucoup de son aîné dans l'expression comique : gestuelle efficace, création de personnages typés, immédiatement populaires.

Les Italiens de Paris se retrouvent seuls chez eux – après la mort de Molière, divers transferts et fusions de troupes, jusqu'à la création de la Comédie-Française par Louis XIV. Censés jouer en VO et surtout mimer, ils parlent de plus en plus français et le public de Paris apprécie leur verve satirique – mais pas le pouvoir prêt à sévir. Scaramouche, « Prince des comédiens et comédien des princes », désarme Louis XIV par son numéro d'acrobate italien, capable de donner un soufflet avec son pied, à 76 ans.

La troupe passera les bornes en brocardant Mme de Maintenon dans une comédie, LA FAUSSE PRUDE (1697). Crime de lèse-majesté. C'est la raison de leur exil.

Paris ne peut pas vivre sans les Italiens. Quelques acteurs et tous les personnages de la *commedia dell'arte* vont se faire applaudir, dans les petits théâtres de la foire. Début de la « guerre comique » – et suite de cette *storia dell'amore* entre la France et l'Italie (voir page 26).

Masques de théâtre.

Pierre Corneille (1606-1684), la passion de l'écriture théâtrale

Provincial (né à Rouen), il n'aime pas la cour. Et le jeune orgueilleux ose un vers impardonnable : « Je ne dois qu'à moi seul toute ma renommée ». À l'époque, on rate sa vie d'artiste pour moins que cela. Mais Corneille a du génie, une vocation sans faille : il fera une longue et belle carrière d'auteur.

Fils d'avocat et lui-même avocat, il a grand soin de ses droits d'auteur, jusque dans l'édition de ses œuvres – gage d'indépendance financière. Prudent, il va conserver ce second métier, alors même que la fortune lui sourit.

Corneille, 30 ans, est à jamais l'auteur du CID. Cette tragi-comédie enthousiasme le public : « Tout Paris pour Chimène a les yeux de Rodrigue », il faut ajouter des sièges, la salle est encore trop petite, on met des spectateurs sur la scène – ils vont y rester plus d'un siècle, toutes les salles imitant cette aberration scénique, même l'Opéra de Paris ! LE CID demeure la pièce la plus populaire du répertoire classique : le charme fou de la jeunesse, la vaillance des héros, le sens de l'honneur, les choix « cornéliens » et l'amour qui triomphe malgré tout – une tragi-comédie qui finit bien.

Corneille s'inspire du répertoire existant – ici, espagnol. Accusé de plagiat par les jaloux, il fait comme tous les auteurs de son temps. Et avec son génie propre, il dépasse le modèle, il innove. Son CID scandalise la critique, et embarrasse fort la toute jeune Académie française, sommée par Richelieu de se prononcer sur les qualités de la pièce et son respect des fameuses règles du théâtre classique. Qu'importe, c'est le public qui a raison !

Corneille écrit aussi des comédies, ayant débuté à 23 ans avec MÉLITE, coup d'essai, coup de maître. Il innove dans le genre, bien avant Molière. Avec L'ILLUSION COMIQUE, comédie gigogne, il joue le jeu du théâtre dans le théâtre – un thème toujours tentant pour les auteurs.

Il raffine la tragédie, romanesque et bientôt galante. Il invente la tragédie politique avec HORACE, CINNA. Il domine ce genre majeur près de trente ans, se lance le premier dans la tragédie à machines, sur commande de Mazarin, soucieux d'amortir le coûteux matériel de ses chers opéras italiens, d'où ANDROMÈDE.

Toujours précurseur, il se fait théoricien, en TROIS DISCOURS SUR LE POÈME DRAMATIQUE. Virtuose dans tous les genres de pièces existant à l'époque, il continue d'explorer les ressources de l'art dramatique, mais la mode est au jeune Racine.

> *Après l'AGÉSILAS, hélas, mais après l'ATTILA, holà !*
> Boileau

Corneille écrit peut-être quelques pièces en trop. Il aime trop écrire... C'est cela, sa passion du théâtre.

Une rumeur abracadabrantesque, objet de thèses pseudo philologiques, prête au vieux Corneille la paternité des grandes comédies de Molière. Trop, c'est trop. Il a seulement collaboré avec son cadet, comme cela peut se faire entre confrères.

Jean Racine (1639-1699), la tragédie portée à la perfection

Comparé aux deux autres grands classiques, Molière et Corneille, et à la plupart des auteurs, il a peu écrit : 11 tragédies et une comédie, LES PLAIDEURS.

La raison ? Passionné comme ses personnages, il n'a pourtant pas la passion du théâtre.

Orphelin de milieu modeste, formé par les jansénistes de Port-Royal, le jeune homme veut la gloire et l'argent. L'écriture dramatique lui semble le chemin le plus court pour y arriver. C'est un bon calcul, et il a du génie.

Il « monte » à Paris, se lie d'amitié avec le nouveau protégé du roi, Molière, qui met en scène au Palais-Royal sa première tragédie, LA THÉBAÏDE, puis la suivante, ALEXANDRE LE GRAND. Il retire la pièce en plein succès, sans prévenir, pour la porter à la troupe rivale de l'Hôtel de Bourgogne, prenant au passage à Molière une de ses meilleures actrices, la Du Parc, dite Marquise. Brouille avec Molière. Mais Racine a bien joué : à 27 ans, il renouvelle l'exploit du CID de son rival Corneille. ANDROMAQUE, sa troisième pièce, bouleverse Paris, et surtout la cour, le roi. Le voilà auteur attitré de la plus grande salle parisienne.

Sa vie privée est agitée. Brève passion pour la Du Parc, morte à 35 ans, empoisonnée, alors qu'elle joue Andromaque. Amours malheureuses avec son égérie, la Champmeslé, la plus illustre tragédienne du siècle.

Racine a surtout l'art de se faire haïr à la ville, accumulant les cabales, les ennemis. Il réplique à coups de Lettres, Épigrammes et perfidies.

Poète de la passion amoureuse et de la violence contenue, il écrit une tragédie par an, prenant modèle sur les Anciens et affinant son style : pièces romaines (BRITANNICUS, BÉRÉNICE), puis orientales (BAJAZET, MITHRIDATE), puis grecques (IPHIGÉNIE, PHÈDRE). Que des chefs-d'œuvre ! L'alexandrin français porté au comble de l'expressivité et de la musicalité – même Lully avoue être sous le charme.

Mais le théâtre n'est pas sa raison de vivre et il abandonne la scène à 37 ans, sous le prétexte d'une cabale – une autre PHÈDRE à l'affiche. En fait, la place d'historiographe du roi lui est offerte : cela rapporte plus d'honneurs que la scène, et moins d'ennuis. Voilà le courtisan comblé. Il continue de s'enrichir et de ménager les puissants en place.

Il ne peut rien refuser à Mme de Maintenon, femme du roi, et il reviendra au théâtre pour ses demoiselles de Saint-Cyr : ESTHER et ATHALIE, tragédies bibliques, bien pensantes, parfaitement écrites.

Racine est un modèle inégalable : après lui, difficile d'être auteur tragique, même si d'autres vont se lancer dans ce genre-roi, tel Voltaire.

Jean-Baptiste Lully (1632-1687), créateur de l'opéra français et 4e mousquetaire du théâtre classique

Le théâtre se veut spectacle (total). Pour le plaisir du roi, une comédie inclut le ballet, le chant, la musique. Et Lully se retrouve à l'affiche avec Molière et Corneille. Compositeur, certes, mais coauteur du livret (dans PSYCHÉ). Nul doute qu'il guide ensuite ses librettistes, pour garder le contrôle absolu de ses spectacles.

Lully est l'un des personnages les plus haïs par ses contemporains.

Méprisé pour sa naissance (florentin et fils de meunier), brocardé pour ses mœurs infâmes (homosexuel, alcoolique et débauché, faisant néanmoins un beau mariage et six enfants), détesté pour son caractère (coléreux, arriviste, capable de toutes les compromissions et trahisons), et plus que tout jalousé pour sa réussite. C'est l'une des carrières les plus spectaculaires de l'histoire.

Petit musicien venu en France à 11 ans, au service de la Grande Mademoiselle à 14 ans, Lulli gagne l'amitié du futur roi, la nationalité française – d'où Lully – et le poste de surintendant de la Musique, à 30 ans.

Collaborateur de Molière pour six comédies-ballets et autres divertissements royaux, jusqu'au triomphe de PSYCHÉ, il trahit son coauteur, intrigue, obtient toutes les faveurs, et la direction de l'Académie royale de musique et de danse. Nouveau privilège, si bien rédigé qu'il lui assure le monopole de l'opéra en France : création, production et diffusion ! Jamais créateur n'aura un tel pouvoir.

La mort de Molière, le silence de Corneille et de Racine laissent le champ libre au 4e mousquetaire du roi et de la scène.

L'homme d'affaires poursuit son irrésistible ascension, gère la salle rénovée du Palais-Royal, exploite ses spectacles déjà amortis sur Versailles, amasse une colossale fortune, et meurt à 55 ans des suites du coup de canne qu'il s'est donné au pied, dirigeant son orchestre et marquant le tempo de son TE DEUM.

Le carriérisme est chose banale et l'arrivisme ne saurait être donné en exemple !

Lully est surtout un artiste polyvalent et surdoué : violoniste, danseur, acteur comique, chorégraphe, compositeur et chef d'orchestre, il s'entoure des meilleurs. Il va vers Molière pour apprendre, puis s'en sépare pour réunir dans sa propre équipe les plus grands talents : Vigarani (scénographe et machiniste), Beauchamp (chorégraphe), Bérain (costumier et décorateur) et son collaborateur majeur, Quinault, auteur à succès devenu librettiste inspiré de sa musique.

Lully, musicien, va s'adapter aux goûts du roi et des Français. Louis XIV se juge trop vieux (à 32 ans) pour danser en public, la comédie-ballet va passer de mode et le favori lance un genre nouveau, la tragédie en musique, bientôt nommée opéra. Voici CADMUS ET HERMIONE, puis ALCESTE, THÉSÉE, ATYS, PROSERPINE, PERSÉE, PHAÉTON. Par son faste, l'opéra sert la propagande monarchique ; et le choix de sujets mythologiques dissimule ce que le théâtre peut avoir de critique.

Lully opère la synthèse entre musiques italienne et française : débarrassée des fioritures (qui mèneront au *bel canto*), sa ligne mélodique épouse la cadence de l'alexandrin classique. Il respecte la prosodie – à l'école de Molière – et le chant imite la parole – exemple de la Champmeslé à l'école de Racine.

Même si cette musique baroque est revenue à la mode, elle n'est pas populaire. Lully a trop bien servi le goût du roi et bridé son génie propre pour lui plaire. Aucun des trois autres mousquetaires n'a joué ce jeu, et la postérité leur a donné raison. N'est-ce pas une bonne leçon de théâtre ?

Marivaux (1688-1763), mal aimé de son temps et le plus italien des Français

Considéré avec Beaumarchais comme auteur majeur du XVIIIe, la postérité lui rend justice. Mais plus ou moins mal-aimé ou incompris, Marivaux n'a rien de l'auteur maudit !

Fils de bonne famille provinciale, il achève ses études à Paris, fréquente les salons, se lance dans l'écriture. Ruiné par la banqueroute de Law (1720), le jeune mondain doit gagner sa vie. Il écrira deux romans et une quarantaine de pièces, inventant une forme de comédie intimiste, consacrée à la peinture des sentiments et à l'analyse psychologique.

Insensible à la subtilité de son génie et à sa virtuosité de langage, Voltaire, le tragédien du siècle, l'accuse de « peser des riens avec des balances en toiles d'araignées », tandis que ses amis philosophes le traitent de « petit maître ». Marivaux sera quand même reçu à l'Académie (contre Voltaire !), pensionné par Mme de Pompadour et joué à la Comédie-Française.

Mais la rencontre miracle se fait avec la Comédie-Italienne.

Guerre comique, côté foire

Les spectacles forains sont apparus au Moyen Âge, lors des foires où l'on vient en foule. Ces manifestations saisonnières attirent des saltimbanques : acrobates, jongleurs et prestidigitateurs, montreurs d'animaux et de marionnettes – qu'on retrouvera au cirque et au music-hall, au XIXe siècle.

À Paris, la foire St-Germain (quartier St-Germain) existe depuis 1482. St-Laurent et St-Ovide sont créées au XVIIe siècle. Les terrains appartiennent à l'Église qui tire de gros bénéfices en les louant chaque année aux forains.

La foire va devenir un vrai lieu de théâtre, après exil des Italiens (1697). On a fermé leur salle, l'Hôtel de Bourgogne. Paris se retrouve avec un seul théâtre – la Comédie-Française – et l'Opéra. Situation aberrante : unique en Europe et intenable dans un pays où la théâtromanie devient phénomène de société !

Légalement, le privilège de la Comédie-Française interdit aux forains le théâtre parlé, et celui de l'Opéra, le théâtre chanté et dansé. Les petits théâtres de la foire vont devoir ruser avec le monopole et la censure. Ainsi, commence une concurrence au joli nom de guerre comique.

1703 : défense de jouer des comédies à intrigue suivie, comme à la Comédie-Française. Les auteurs donnent des pièces courtes – gros succès.

1704 : défense de dialoguer. Le monologue est vite monotone, mais la réplique vient de la coulisse – et le public s'amuse du stratagème.

1707 : défense de parler ! On jargonne. La « pièce à jargon » lasse bientôt. On jouera « à la muette ». Les pièces « à écriteaux » usent de sous-titres, écrits sur des papiers tirés de la poche, sur une banderole déployée ou un rouleau de parchemin tombé des cintres. La pantomime se développe – elle deviendra plus tard un genre à part entière. On peut aussi chanter…

1708 : défense de chanter. Cette fois, l'Opéra défend son monopole. Toujours à court d'argent, il décidera de le monnayer, moyennant redevance annuelle de 25 000 livres.

1711 : coup de poker des forains. Ils vendent leurs places (assises et confortables) au même prix que la Comédie-Française. Le peuple est écarté, les honnêtes gens accourent. Pari gagné.

1712 : plutôt que chanter en scène et payer, les forains trouvent une astuce. Sur des parchemins descendus des cintres, on peut lire les paroles des chansons (« vaudevilles »). Le public est ravi de participer au spectacle, en chantant – c'est le principe du karaoké.

> Le jeu se complique au retour des Italiens, rappelés par le Régent après vingt ans d'exil. La nouvelle Comédie-Italienne est privilégiée, subventionnée à l'égal de la Comédie-Française. Elle va jouer tantôt avec et tantôt contre les forains, son répertoire se tournant aussi bien vers le chant que la danse, la pantomime où elle excelle, et la comédie. Dans ce genre, la rencontre avec Marivaux fait des miracles – autrement dit, des chefs-d'œuvre. Un public plus raffiné a le talent de ce répertoire délicat.

Les Italiens de retour à Paris (après censure et exil sous Louis XIV) sont provisoirement installés à la foire. Pour retrouver les faveurs d'un nouveau public plus raffiné, ils ont besoin de textes français.

Marivaux, qui avoue son peu de goût pour le comique de Molière, est justement en quête d'interprètes. La troupe de Lelio (emploi de « premier amoureux ») va créer son ARLEQUIN POLI PAR L'AMOUR.

Le succès s'explique. Le jeu vif et léger des Italiens donne corps au dialogue, leur vitalité scénique évite à cette « métaphysique du cœur » de n'être qu'un « marivaudage » d'idées et de sensibilités – piège pour tant de mises en scène à venir ! L'alchimie réussit d'autant mieux que l'auteur emprunte beaucoup à la *commedia dell'arte* : forme courte (1 ou 3 actes), personnages (Arlequin en tête), déguisement et travesti (jusqu'à l'invraisemblable), chassé-croisé entre maîtres et valets… et l'amour – l'Amour, comme premier ressort de la comédie. Voilà qui est nouveau sur nos scènes, et charmant.

Arlequin de la *commedia dell'arte*.

Marivaux affine les rôles et peaufine les intrigues, au fil des grandes créations : LA SURPRISE DE L'AMOUR, LA DOUBLE INCONSTANCE, LE JEU DE L'AMOUR ET DU HASARD, LES FAUSSES CONFIDENCES… Il donne à parler aux Italiens ce pur français du siècle des Lumières. Et tant pis pour leur accent ! Le public suit : Marivaux est l'auteur le plus joué, avec Voltaire.

La Comédie-Française s'ouvre à lui, on y applaudit LA SECONDE SURPRISE DE L'AMOUR et LES SERMENTS INDISCRETS, sa seule pièce en 5 actes.

Son interprète préférée n'en est pas moins italienne : Silvia (surnom de scène). Mariée au « deuxième amoureux » de la troupe de Lélio, « idole de la France » selon Casanova, elle prête son talent et donne son nom à plusieurs ingénues de Marivaux. Le modèle italien aura véritablement inspiré l'auteur, dans tous les détails de son écriture. L'art du théâtre est fait de ces Rencontres. Une chance qu'il faut savoir reconnaître, saisir et exploiter au meilleur sens du terme.

Voltaire (1694-1778), auteur tragique adulé et oublié

Il faut toujours lire et citer Voltaire, même s'il semble impossible de le jouer encore. Cet homme universel, symbole de son siècle, curieux de tout, devait fatalement se passionner pour le spectacle. Seul ennui, à l'inverse de Marivaux, il va snober la foire, foyer de création et source de toutes les innovations théâtrales de son temps.

Veine créatrice à la foire – suite et fin

Que demande le public de théâtre, que cherche-t-il à la foire ?

D'abord, se divertir – on s'ennuie trop souvent aux tragédies de la Comédie-Française et aux pompeux opéras de l'Opéra ! Autre atout, cet espace de liberté relative attire des auteurs refusés par la première scène nationale ou écœurés par ses pratiques, tel Lesage, ainsi que des compositeurs et librettistes n'ayant pas non plus accès au « tripot lyrique » dont la réputation n'est pas meilleure ! Le censeur royal méprisant ces formes jugées mineures de théâtre, le talent peut s'y exprimer plus hardiment que sur les scènes privilégiées, et l'Église, tenant à son loyer, est indulgente aux spectacles forains.

Cinq genres de grand avenir vont naître ainsi.

La revue, oubliée des histoires du théâtre, qui fera les beaux soirs du music-hall au siècle suivant. On chansonne les faits et gestes de la petite et la grande histoire, tandis que compère et commère commentent l'actualité par allusions, calembours et à-peu-près. Charles-Simon Favart, librettiste fameux, triomphe avec LA SOIRÉE DES BOULEVARDS (1758). Mais ce genre de spectacle à consommation immédiate n'est jamais repris.

L'opéra-comique est une parodie de l'opéra, moitié chantée, moitié jouée (d'où son nom). Les parodies ont généralement plus de succès que les pièces originales. Le genre s'affine avec Lesage qui structure la comédie, Piron qui la pimente de fantastique et le couple Favart qui lui confère élégance et naturel. La baraque en bois des débuts devient une jolie salle à l'italienne de 1 000 places, et fait la fortune de ses directeurs. On peut parler d'une irrésistible ascension de la future « Salle Favart ».

Le ballet d'action, tournant capital dans l'histoire de la danse, naît avec Noverre, danseur et chorégraphe. Le ballet devient un art à part entière, et le maître de ballet, un metteur en scène avant l'heure – ce métier n'apparaît au théâtre qu'à la fin du XIXe.

La comédie à vaudevilles va triompher... en vaudeville. Scribe, Labiche et Feydeau se relaient pour lui donner une charpente de « pièce bien faite », accélérer le rythme, débarrasser peu à peu le genre des couplets, pour finalement pousser à l'extrême la mécanique de la folie jusqu'au génie de l'absurde, et multiplier les triomphes du rire-roi, sur tant de scènes.

Enfin, le boulevard hérite de la foire : du vaudeville et de ses comédies légères nommées à tort vaudevilles et qui formeront l'essentiel de son répertoire comique – à côté d'un boulevard sérieux (voir pages 96 à 99).

1762, année dramatique pour la foire St-Germain : un terrible incendie, et une fusion de troupes imposée par ordre du roi, la concurrence étant trop rude. Quand la Révolution donne enfin la liberté au spectacle, la foire n'a plus de raison d'être et le spectacle va se donner ailleurs – notamment sur les boulevards.

Jeune auteur, même si on le voit toujours vieux philosophe, François Marie Arouet s'impose à la Comédie-Française à 23 ans avec ŒDIPE (modèle mythologique récurrent) et prend le nom de Voltaire.

Très bon acteur (amateur), surtout dans la comédie, il joue et fait jouer ses créations en privé, participant avec sa petite cour d'amis de la théâtromanie propre aux Lumières. Il affectionne surtout la tragédie, genre noble par excellence. Sur 52 pièces, il en écrira 27 (Corneille, 21, et Racine, 11).

Exilé trois ans en Angleterre, il découvre Shakespeare sur scène, passé de mode dans son propre pays acquis au modèle français et à la tragédie racinienne ! Il juge la forme insuffisamment classique, mais admire l'univers foisonnant – à prendre pour modèle en France (voir page 145).

Son triomphe à la scène sera un drame de la jalousie, inspiré d'OTHELLO : ZAÏRE. Traduction dans toute l'Europe, 484 représentations en deux siècles à la Comédie-Française. Voltaire est comparé à Corneille et (encore plus injustement) à Racine ! Il sera même statufié vivant, avec son buste sur scène, l'année de sa mort. Tel aveuglement surprend d'un siècle si intelligent. L'histoire du théâtre est faite aussi de ces engouements. Voltaire en profite.

Il multiplie les succès, à l'écoute des goûts du public – d'où les retouches aux textes. Mais il a un respect excessif des règles classiques – le Siècle de Louis XIV est pour lui le Grand Siècle. Passent malgré tout : l'émotion patriotique, la force des idées philosophiques, la couleur locale et l'action. D'où naîtront la tragédie historique, le répertoire révolutionnaire et, au siècle suivant, le drame romantique. Cela fait bien des héritiers à Voltaire, dramaturge !

Dépourvu d'oreille musicale, il méprise l'opéra-comique, genre si novateur, mais s'essaie à l'opéra et la comédie-ballet, en librettiste de Rameau. Goût du grand spectacle et désir de gloire le mènent naturellement à l'Opéra de Paris.

Le théâtre, en dehors du répertoire, doit beaucoup à Voltaire qui innove sur la scène de la Comédie-Française. Célébrité aidant, il bouscule les traditions : costumes plus authentiques (pour rendre la couleur locale de ses tragédies chinoises ou péruviennes, médiévales ou antiques) et décors plus réalistes (pour ses changements de lieux, apparitions de spectres et autres coups de théâtre).

Dans ce combat scénique, ses alliés naturels sont des comédiens : une sacrée femme, la Clairon, et un jeune sociétaire, son ami et brillant interprète, Lekain. Leur grande victoire : la suppression des « spectateurs privilégiés » qui, depuis le triomphe du CID, ont encombré la scène jusqu'en 1759.

Finalement, plus qu'un auteur, Voltaire est un homme de théâtre !

Beaumarchais (1732-1799), personnage combattant, au théâtre comme en affaires

Les affaires occupent l'essentiel de cette folle vie « à l'espagnole ».

Horloger comme son père, inventeur de la montre plate pour dames, il se fait remarquer à 21 ans par des mémoires écrites contre un collègue malhonnête. Avocat brillant en toute cause, il ne cessera d'en appeler à l'opinion publique, tour à tour menacé par des rivaux puissants et jaloux, suspecté des nobles (il a acheté sa noblesse) et des révolutionnaires (il a fréquenté la noblesse), mêlé à mille intrigues politiques, juridiques et financières… Il court de fortune en faillite jusqu'à sa mort, lancé dans des entreprises aventureuses : fourniture (et trafic) d'armes pour les « insurgents américains », édition complète des œuvres de Voltaire, création d'une compagnie parisienne des eaux, traite des noirs…

Côté scène, même alternance de succès et d'échecs – plus ou moins bien vécus.

La gloire est attrayante,
mais on oublie que pour en jouir seulement une année,
la nature nous condamne à dîner trois cent soixante-cinq fois.
Beaumarchais

Il se lance dans le drame avec sa première pièce à la Comédie-Française, EUGÉNIE, pour finir assez tristement avec LA MÈRE COUPABLE. Il tente l'opéra-comique avec LE BARBIER DE SÉVILLE (première version), refusé par la Comédie-Italienne. Et l'opéra, à l'Opéra de Paris, avec TARARE, musique de Salieri – petit succès.

Opéra, loge humoristique.

Restent deux triomphes, deux comédies, deux chefs-d'œuvre du répertoire mondial : LE BARBIER DE SÉVILLE (seconde version) et LE MARIAGE DE FIGARO.

Mozart et Rossini vont bientôt sauter sur ces sujets « à l'espagnole », adaptés en livrets d'opéra (géniaux). Et Figaro vit au Panthéon des personnages.

Le succès s'explique : d'abord, un rire de qualité pour un public lassé des drames et tragédies. On ne saurait trop répéter ce besoin vital de bon divertissement ! Il y a aussi la gaîté du dialogue et l'art du monologue (celui de Figaro est quasi autobiographique), avec action trépidante et intrigue galopante, personnages entre fantaisie et mélancolie donnant des rôles en or, et les idées, déjà révolutionnaires, donc séduisantes.

L'auteur a pourtant vécu des épreuves : censures répétées, réécritures nombreuses, critiques, cabales, scandales et démêlés avec les Comédiens-Français ! Ce n'est pas nouveau. Cette fois, l'auteur va défendre ses droits – et le droit.

Théâtre et affaires se mêlent heureusement. L'aventure finit bien ! Et tous les auteurs de théâtre, en France et dans le monde, ont une dette envers Beaumarchais.

Grève de la plume pour la défense des droits d'auteur

Chacun a droit à la protection des intérêts moraux et matériels découlant de toute production scientifique, littéraire ou artistique dont il est l'auteur.
Déclaration Universelle des Droits de l'Homme (1948, Paris)

1777, coup d'État des auteurs de théâtre, coup d'éclat signé Beaumarchais.

L'Affaire défraie la chronique. L'auteur est célèbre depuis le triomphe du BARBIER DE SÉVILLE. Mais les Comédiens-Français refusent de lui montrer les comptes.

Leur règlement prévoit la rémunération des auteurs en proportion de la recette : $1/9^e$ pour 5 actes, $1/12^e$ pour 3 actes, $1/18^e$ pour un acte. Si la recette nette (déduction faite de l'impôt et des frais) tombe au-dessous d'un certain seuil, on interrompt les représentations et la pièce devient la propriété des comédiens. À la reprise, ils n'ont plus rien à payer.

Beaumarchais conteste les 4 500 livres au bout de 32 représentations. C'est beaucoup, mais il s'entête à dire que c'est inférieur à son dû et veut contrôler.

Homme d'affaires né, d'une nature combattante qui n'hésite jamais à engager une procédure contre un adversaire si puissant soit-il, Beaumarchais va s'attaquer à la première scène de France, aux Comédiens du roi – dont tous les auteurs médisent, en secret, pour ne pas compromettre la suite de leur carrière.

Beaumarchais mobilise ses confrères et les invite chez lui « à la soupe », le 22 juin : 22 auteurs convoqués pour les « états généraux de l'art dramatique » (selon le mot de Chamfort) vont signer un procès-verbal. Ils s'engagent à ne donner aucun manuscrit, tant qu'on ne leur communiquera pas les comptes – grève de la plume très gênante pour une salle qui, à l'époque, fait ses meilleures recettes avec des créations ! Ils forment un « Bureau de législation dramatique » réclamant une réforme globale des usages théâtraux et représentant les auteurs présents et futurs – c'est l'ancêtre de la Société des auteurs et compositeurs dramatiques (SACD).

Beaumarchais aurait pu faire un procès en solitaire – et le gagner, ou le perdre. Dépassant la notion d'intérêt personnel, il défend l'intérêt général d'auteurs jusqu'alors isolés face à la puissante société des Comédiens-Français. Il projette une gestion collective des droits et affirme l'idée (révolutionnaire) que l'auteur professionnel doit pouvoir vivre de ses œuvres.

Vous voilà donc, Monsieur, à la tête d'une insurrection des poètes dramatiques contre les comédiens !
Diderot à Beaumarchais

L'action faillit tourner court : impliqué dans une affaire de trafic d'armes, accusé d'avoir truqué son contrat par l'avocat de la Comédie-Française, il ne reste plus à Beaumarchais que quatre fidèles du « coup d'État ».

L'Affaire aura un heureux épilogue : Louis XVI, bien conseillé, donne raison à « ses » auteurs contre « ses » comédiens. Dès 1780, les auteurs toucheront 10,7 % sur les recettes de la Comédie-Française, un pourcentage record pour l'Ancien Régime. Les 100 premières représentations du MARIAGE DE FIGARO rapporteront une fortune à Beaumarchais : 60 000 livres.

Les auteurs dramatiques au XIXe siècle, avec la perception collective et contrôlée chaque soir à la caisse de leurs droits dans tous les théâtres de France, doivent assurément beaucoup à Beaumarchais !

Saluons aussi la Révolution qui donna une portée universelle à son initiative, à travers deux lois fondamentales (1791 et 1793) et le fameux discours à l'Assemblée constituante :

La plus sacrée, la plus inattaquable et, si je puis ainsi parler, la plus personnelle de toutes les propriétés est l'ouvrage, fruit de la pensée d'un écrivain.
Isaac Le Chapelier

Il faut attendre deux siècles pour une nouvelle grève de la plume : les scénaristes d'Hollywood contre les « Major companies ».

Marie-Joseph (de) Chénier (1764-1811), un auteur dans la tourmente révolutionnaire

Frère cadet du poète André Chénier, il renonce à l'épée pour la plume.

En 1789, sa pièce censurée à la fin de l'Ancien Régime est le premier triomphe de la Révolution : CHARLES IX OU LA SAINT-BARTHÉLEMY. C'est la gloire pour l'auteur et l'acteur, Talma. De chahut en scandale, le public a quasiment imposé l'œuvre aux Comédiens-Français, effrayés par tant d'audace.

Tout semble possible au théâtre. C'est d'abord la liberté tant attendue : la loi de 1791 sur les spectacles, soutenue par Chénier, signataire d'une pétition avec Beaumarchais, Sedaine, Chamfort… Et puis, voici l'avènement d'une tragédie moderne : Chénier se veut le dramaturge de la Révolution, Talma jouant magnifiquement le jeu.

Mais le talent ne se commande pas – c'est aussi une loi. Elle s'applique à toutes les créations de l'époque, qui ne sont que des œuvres de circonstance. L'académisme de CAÏUS GRACCHUS, TIMOLÉON et autres tragédies néoclassiques de Chénier fait long feu. On se rabat sur Voltaire…

Chénier est pourtant sincère, inspiré de nobles idéaux : le théâtre est « l'école des mœurs » et la tragédie patriotique doit traiter l'histoire selon une pédagogie révolutionnaire. C'est l'une des missions du « théâtre populaire » selon Brecht, mais le dramaturge allemand aura plus de force dramatique.

Révolutionnaire dans l'âme, Chénier écrit des hymnes patriotiques, dont LE CHANT DU DÉPART (musique de Méhul). On chante encore Chénier, on ne le joue plus.

En ces temps troublés, il se lance en politique. Il sera membre du Club des Jacobins, président de la Convention, du Conseil des Cinq-Cents. Ennemis politiques et rivaux littéraires se liguent contre lui : accusé d'avoir trahi son frère André (guillotiné en 1794), il réplique par une ÉPÎTRE SUR LA CALOMNIE (1797).

Le révolutionnaire devient bonapartiste, mais Bonaparte le trouve trop républicain, et l'Empire censurera ses pièces, jugées anticléricales.

Ainsi la politique a fait et défait un auteur.

René-Charles Guilbert de Pixérécourt (1773-1844), le triomphe du mélo

L'auteur peut enfin vivre du théâtre, sans plus être romancier ou journaliste, chef de troupe ou comédien. Les spectateurs, ouvriers et bourgeois, se pressent dans les salles qui s'ouvrent, et nombre d'auteurs feront fortune.

Pixérécourt est l'un des premiers de cette génération d'après la Révolution. Il a des modèles, et même des maîtres proclamés. Il se veut le « Corneille du boulevard du Crime » – ledit boulevard aura son Racine, Caigniez ; et son Shakespeare, d'Ennery.

Le surnom donné au boulevard du Temple vient du genre de pièces qu'il écrit : enlèvements, séquestrations, viols, tortures, meurtres et autres sévices pimentent l'action du mélodrame. Il faut cela pour étonner le peuple, après ce qu'il a vécu sous la Terreur ! Au fil d'une intrigue bâtie sur un suspense toujours identique, on retrouve : le traître (fatalement hypocrite), le héros (son adversaire, vertueux et désintéressé), le niais (homme du peuple, allié maladroit du héros, seule source de rire), la victime (jeune fille, vierge), son bien-aimé, et le père (offensé, au cœur assez grand pour pardonner). Et ça marche. Ce type de mélodrame, genre parfaitement codé, fascine pendant trente ans un grand public : le peuple, le bourgeois, et même les jeunes intellectuels romantiques !

Pixérécourt, maître du genre, est l'auteur vedette à la Gaîté, l'Ambigu. Au total, 94 mélos, 30 000 représentations, plusieurs triomphes, à commencer par CŒLINA OU L'ENFANT DU DÉSORDRE (1800).

Cet homme cultivé, après une jeunesse aventureuse, fréquenta le salon littéraire (et romantique) de Charles Nodier à l'Arsenal. Il n'a nul mépris pour son public. Au contraire ! Il est même exemplaire en cela ! Il écrit pour ceux qui ne savent pas lire, et respecte les règles du jeu. Cette tragédie populaire doit tenir en haleine – on s'endort encore, à la Comédie-Française – et montrer comment le bien l'emporte sur le mal :

Le mélodrame sera toujours un moyen d'instruction pour le peuple, parce qu'au moins ce genre est à sa portée.

Pixérécourt

Le texte n'est pas tout : la machinerie fait le reste. Les didascalies de Pixérécourt relèveraient aujourd'hui des effets spéciaux au cinéma. Et il obtient, sur scène, tous ses « clous » : déluges, tempêtes, naufrages, volcans en éruption, incendies… Il y a parfois des drames, dans la salle. Le théâtre de la Gaîté brûlera, alors même que Pixérécourt en est codirecteur.

Loi de toute mode, ce mélo bien pensant passera de mode. Son plus génial interprète l'a tourné en dérision en 1823.

Coup de théâtre de Frédérick Lemaître : détournement de mélo à L'Auberge des Adrets

Le mélo, genre populaire du XIXe siècle, donne son surnom au boulevard du Crime (boulevard du Temple à Paris), par allusion à la mortalité galopante qui fait tout le charme horrifique du répertoire. Un Almanach des spectacles (1823) calcule qu'un acteur (Tautin) a été poignardé plus de 16 000 fois en 20 ans, un autre (Marty) empoisonné 11 000 fois, un troisième (Fresnoy) trucidé 27 000 fois de diverses façons, et une Mlle Dupuis, dans le rôle de l'innocente, 75 000 fois violée, noyée, enlevée ou pour le moins « séduite ». Selon une autre source, 151 702 crimes ont été perpétrés sur scène dans les années 1803-1823.

Mais à force, le public se lasse…

1823 : L'Auberge des Adrets de Benjamin Antier, Saint-Amant et Paulyanthe.

Ils se sont mis à trois pour écrire un sombre mélo en 3 actes. La rumeur est mauvaise, et la chute est attendue, le soir de la première, à l'Ambigu-Comique. Mais la pièce va entrer dans l'histoire du théâtre, par le génie provocateur d'un acteur de 23 ans, Frédérick Lemaître.

L'intrigue est à peine plus outrée que la moyenne du genre…

À l'Auberge des Adrets, en Savoie, on prépare la noce du fils de la maison, Charles, avec la fille d'un riche propriétaire. Le patron de l'auberge révèle à

Charles qu'il est un enfant trouvé. Trois gueux s'arrêtent. Les deux hommes, Rémond et Bertrand, volent la dot de la fille (dans le portefeuille de son père), mais c'est Marie, leur compagne, la première soupçonnée.

Quand le patron découvre que Marie est la mère de Charles.

Une dépêche arrive : Rémond n'est autre que Robert Macaire, malfaiteur recherché pour crime par la police. Marie empêche son fils de le dénoncer : Macaire est son père ! Elle le persuade d'avouer son crime, quand l'autre gueux tire sur lui. Le bandit, mourant, avoue ses méfaits et laisse à son bonheur la famille miraculeusement réunie.

Les dialogues sont affectés, sentencieux à plaisir. Personne ne peut croire à cette histoire ! Le public commence à siffler, le chahut enfle... Quand le jeune cabotin, déjà doué d'un fabuleux instinct scénique et ayant préparé le coup avec son partenaire, ose la transgression absolue. En une parodie échevelée, il transforme le mélo en farce, au grand dam des auteurs, et pour le plus grand plaisir du public : triomphe pour le nouveau héros campé par Frédérick.

Le critique Jules Clarétie témoigne : « Ce fut lui qui créa, qui inventa, qui sculpta de pied en cap ce type plus vivant que des vivants, cette caricature monumentale que lui envierait Balzac, et que lui a empruntée Daumier : Robert Macaire. » On peut aussi le comparer au voyou de L'OPÉRA DES GUEUX (1728) qui inspirera à Brecht le personnage de Mackie, dans L'OPÉRA DE QUAT'SOUS.

La censure, après 80 représentations triomphales, finit par interdire la pièce, au nom de la morale. Frédérick la reprendra en 1832 à la Porte St-Martin, où il est « chez lui ». Il ajoute de nouvelles provocations. La pièce refait carrière, on en tire un roman, puis une nouvelle pièce, ROBERT MACAIRE (1834), cosignée par l'acteur.

Le beau film de Marcel Carné et Jacques Prévert, LES ENFANTS DU PARADIS (1942), immortalise ce moment de l'histoire du théâtre qui se joue sur le boulevard du Crime et fait se croiser deux vedettes populaires, Frédérick (Pierre Brasseur) et Baptiste (Jean-Louis Barrault), le mime du petit théâtre voisin des Funambules.

Une leçon de théâtre, en passant : le pouvoir de l'acteur, face à l'auteur...

Frédérick va incarner Macaire jusqu'à la fin de sa vie. Entre bien d'autres créations également remarquées, RUY BLAS, KEAN, etc., et VAUTRIN (voir page 47).

Margot ne pleure plus au mélo, le public populaire ne vibre plus, les romantiques décrètent la mort du genre, et le public bourgeois s'est trouvé un nouveau répertoire, signé Delavigne, Scribe et autres professionnels de l'écriture.

Eugène Scribe (1791-1861), l'« artiste bourgeois », professionnel de la pièce bien faite

Scribe n'est pas qu'un nom de rue à Paris ! Et sa gloire lui fut âprement reprochée par ses ennemis – les intellectuels, les romantiques aujourd'hui encore célèbres.

L'amalgame entre l'homme et l'œuvre relevait d'un mauvais procès.

Fils de drapier, il devait être avocat – la vocation d'écrire l'emporte. Plus de 150 pièces, souvent en collaboration (avec Legouvé, parfois Delavigne, autre gloire du temps).

Scribe peut « tout » écrire, et tout ce qu'il signe est bien écrit. Un drame noir, TRENTE ANS DE LA VIE D'UNE FEMME, qui fit scandale avec la romantique Marie Dorval ; une apologie politique de la Révolution qui étonna : AVANT, PENDANT ET APRÈS ; une féerie insolite ; quelques drames plus ou moins légers…

Cela s'appelle simplement le talent.

Scribe n'a pas de génie, ne veut pas faire une œuvre, n'a pas de style propre, mais il a un sens du théâtre, il veut faire carrière. Et il a un plan. Disons même une stratégie géniale. Il choisit un vieux genre, le vaudeville (né à la foire au début du XVIIIe siècle, voir page 26), une nouvelle salle, le Gymnase (ouvert en 1820). Le genre, la salle et l'auteur vont grandir ensemble et triompher un quart de siècle.

Il commence par des folies-vaudevilles et autres comédies à vaudevilles, en un ou 2 actes, avec couplets : le privilège accordé au Gymnase n'autorise que les pièces courtes et légères. La Révolution de 1830 le libère de ces contraintes. Il écrit alors de vraies comédies, sans couplets, en 3 ou 5 actes : BERTRAND ET RATON, LE VERRE D'EAU. Le vaudeville accède au rang de « genre sérieux ». Toujours sous contrat au Gymnase, le voilà consacré par la Comédie-Française, l'Académie, la Légion d'honneur ! Scribe aime la gloire autant que l'argent – comme ses confrères, y compris ses ennemis romantiques, tenants de « l'art pour l'art ».

Bourgeois et fier de l'être, « artiste bourgeois » (race stigmatisée par Baudelaire) et idole du public bourgeois, Scribe fait le portrait (non le procès !) de cette société mesquine et arriviste, avide d'argent et d'honneurs. Il opère avec une technique sans faille dans le dialogue, l'intrigue, l'art de placer l'effet comique et de ménager les coups de théâtre. Ce qu'on appellera la « pièce bien faite » – un compliment, sous la plume du critique Francisque Sarcey.

Scribe mène la bataille du « bon sens » contre le romantisme aristocratique ou bohème, et choisit le grand public (petite et moyenne bourgeoisie) contre l'élite intellectuelle et la critique littéraire. Son succès gêne le drame romantique des Musset, Hugo et Dumas qui peinent à s'imposer. Mais il prépare la comédie de mœurs, les grands vaudevilles de Labiche et Feydeau, et préfigure le boulevard qui remplira les salles des boulevards. Après lui, Augier, Dumas fils, Sardou seront les auteurs vedettes du Gymnase. Comme lui de bons faiseurs à la mode, et passés de mode comme lui. Relu, parfois réhabilité, Scribe n'est plus joué.

Auteur polyvalent, il écrit des livrets pour l'Opéra et les grands compositeurs de son temps : Halévy (LA JUIVE), Boieldieu (LA DAME BLANCHE), Auber (LA MUETTE DE PORTICI), Meyerbeer (LES HUGUENOTS, ROBERT LE DIABLE).

Paradoxe de cette histoire et fait rarement noté : l'ennemi de tous les romantiques du théâtre contribue au succès du romantisme sur la grande scène lyrique où les créations enchantent le bourgeois et font salle comble.

Petite leçon au passage : se méfier des préjugés, des étiquettes.

Alfred de Musset (1810-1857), cas unique de carrière *post mortem* au théâtre

L'« enfant du siècle » est le surdoué du romantisme.

Poète né, célèbre à 19 ans avec ses CONTES D'ESPAGNE ET D'ITALIE, il fait jouer sa première pièce à 20 ans : LA NUIT VÉNITIENNE, victime d'une cabale et de la malchance, est un désastre à l'Odéon. La deuxième scène de France était un peu grande pour cette bluette, les confrères jaloux guettaient dans la salle…

Pour l'auteur, c'est un drame. Il renonce à se faire jouer – Musset n'a ni le goût, ni la force pour se battre. Mais il ne renonce pas à écrire :

il commence son SPECTACLE DANS UN FAUTEUIL. Pour le répertoire français, c'est une chance : cette scène imaginaire laisse toute liberté à l'artiste.

Le jeune dandy doit vivre de sa plume, suite à la mort de son père victime du choléra à Paris (1832). Poussé par un éditeur, Buloz, et encouragé par sa maîtresse, George Sand, il produit en quelques années plus que sa nonchalance naturelle ne laissait espérer. Le génie de Musset et son extrême facilité stupéfient la « bûcheronne des lettres » qui « besogne » à ses côtés, et dont il se moque.

Il sera quand même joué de son vivant : UN CAPRICE (1847), un succès à la Comédie-Française. Il se résout à mutiler son œuvre – il a des dettes. Et il est malade, alcoolique (bière, cognac, absinthe), à bout de tout. Le théâtre aura finalement donné peu de joies à Musset.

LORENZACCIO, drame historique publié en 1834, seule pièce française qualifiée de shakespearienne, chef-d'œuvre réputé injouable, censuré sous le Second Empire, est créé en 1896 par Sarah Bernhardt en travesti. Le monstre sacré a fait retailler l'œuvre à la démesure de son ego. C'est un quasi-monologue.

Le XXe siècle donna une revanche posthume à l'auteur : LORENZACCIO, version originelle, pièce romantique la plus souvent montée, séduit de grands metteurs en scène et de grands acteurs – ainsi Jean Vilar et Gérard Philipe, au TNP.

C'est par son théâtre que Musset reste un auteur majeur, éternellement jeune, et donc classique. Ses drames nous bouleversent, ses COMÉDIES ET PROVERBES nous parlent, ses jeunes gens qui souffrent et qui s'aiment nous ressemblent comme des frères, plus que les autres héros du répertoire romantique. Et LES CAPRICES DE MARIANNE, dont le cœur balance entre Octave et Cœlio, sert toujours de scènes d'audition pour apprentis comédiens.

Combien d'auteurs à succès, qu'ils aient du métier, du talent, du génie, sont oubliés après leur mort, ou du moins au purgatoire ! Même Molière en France, et même Shakespeare en son pays. Musset est l'exception à la règle.

Victor Hugo (1802-1885), chef de file du combat romantique

La vie et la carrière de ce fils de militaire (général de Napoléon Ier) furent un long combat. Avec un passage au théâtre fracassant : bataille à chaque montage, quelle qu'en soit l'issue, victoire ou désastre. Et toute la troupe romantique emboîte le pas au jeune poète à l'assaut de la Comédie-Française, génie avide d'argent et de gloire, rêvant d'unir en un seul grand public l'élite et le peuple.

Victor Hugo jeune, par Devéria, 1829.

Théâtre, exutoire rêvé pour Hugo, adolescent déchiré de contradictions !

Il explore tous les genres et, à 25 ans, se lance dans le drame. Injouable CROMWELL – 6 730 vers qui tentent pourtant Talma, star en quête d'auteurs jusqu'à la fin de sa vie. La PRÉFACE DE CROMWELL, sitôt publiée, devient le manifeste de la nouvelle école : condamnation du (vieux) répertoire et théorie du (nouveau) drame. Déjà le scandale et la célébrité pour l'auteur !

Les vraies hostilités commencent à la « bataille d'HERNANI » (1830), 36 soirs étalés sur 3 mois, gagnée par les Gilets rouges et la jeunesse contre les bourgeois, les auteurs en place, les Comédiens-Français eux-mêmes – pour finir à la chute des BURGRAVES (1843), terme de l'épopée romantique. Entre temps, Hugo, son lyrisme et son feu sacré ont enflammé Paris.

MARION DE LORME, sujet à censure et à procès, est une affaire à rebondissements. LE ROI S'AMUSE et LUCRÈCE BORGIA, objets d'une étrange stratégie croisée, se soldent par un procès et une déroute à la Comédie-Française, avant un triomphe à la Porte St-Martin. MARIE TUDOR, victime d'une cabale, devient motif de rupture avec le seul directeur de théâtre soutenant les romantiques, Harel ! ANGELO, TYRAN DE PADOUE est l'occasion de faire s'affronter à la Comédie-Française les deux idoles, Mlle Mars, la classique, et Dorval, la romantique. Ruy Blas inaugure la Renaissance, où Hugo rêve d'être enfin libre et donne le rôle-titre à Frédérick Lemaître, plus cabotin et sublime que jamais : chef-d'œuvre démoli par la critique, acclamé par le public.

Hugo abandonne la scène après l'échec des Burgraves – le drame est mort, la tragédie renaît par la magie d'une interprète, Rachel. Et Hugo va vivre d'autres combats, littéraires, politiques et personnels. Exilé sous le Second Empire, son théâtre est interdit. Comme Musset, il écrit encore et sans espoir d'être joué. C'est le Théâtre en liberté : Mangeront-ils ?, Mille francs de récompense, Torquemada… Le XXe siècle rendra justice à ces derniers chefs-d'œuvre.

Hugo est un homme de théâtre complet. Aussi à l'aise dans la théorie que dans la création, il écrit ses drames en vers en moins d'un mois, avec le génie du verbe, de la situation, des personnages – l'opéra et le cinéma multiplieront les adaptations de ses œuvres. Il a l'art de briser l'alexandrin par l'enjambement pour le rendre vivant, procédé qui fera la fortune d'un autre romantique, Rostand. Il a un sens de l'excès qui fait le bonheur du public.

Hugo se passionne pour tout ce qui touche à la scène : décor et costumes (qu'il dessine), musique (à laquelle il donne son rythme), régie (qui prend enfin le nom de mise en scène et dont il se charge presque toujours). Et les comédiennes, muses prétexte dont il est souvent l'amant de passage, la jeune Juliette Drouet restant fidèle jusqu'à la mort à son grand homme.

Bref, une vie de théâtre bien remplie, un nom et un répertoire qui restent, alors que ceux qui ont fait « bourgeoisement » carrière sont oubliés.

Alexandre Dumas (1802-1870), la formidable machine à écrire

C'est l'autre grand auteur du romantisme français.

Fils de général (comme Hugo), petit-fils d'une esclave noire, clerc de notaire à 14 ans, il vient chercher fortune à Paris. Ce géant quarteron, né la même année que Hugo et panthéonisé deux siècles après, fut doué d'une vitalité et d'une facilité d'écriture plus étonnante encore !

Dans la révolution romantique, il joue le premier, et gagne la Comédie-Française avec HENRI III ET SA COUR, à 27 ans. Sur la lancée, il continue à l'Odéon, récidive avec deux triomphes sur le boulevard, Porte St-Martin : ANTONY et LA TOUR DE NESLES. En termes de recettes, il bat le record de tout le répertoire romantique. Il a des interprètes d'exception et offre un triomphe, rôle-titre taillé sur mesure, à Frédérick Lemaître : KEAN. Un seul fiasco, CALIGULA, à la Comédie-Française.

Dumas veut sa salle (comme Hugo) pour ne plus enrichir les directeurs ! Il aura le Théâtre-Historique, en 1847. Il l'inaugure avec LA REINE MARGOT, adaptation de son roman en 15 tableaux. Le spectacle dure 9 heures ! Le boulevard du Crime n'a pas peur de ces « grands spectacles ». Mais la Révolution de 1848 ferme le théâtre de Dumas. Et puis, c'est trop tard. Le romantisme est passé de mode et sa production ne vaut plus la peine d'être citée, ni jouée, ni même signée.

Chez Dumas, la quantité l'emporte sur la qualité. Il s'entoure d'une équipe de collaborateurs plus ou moins « nègres », se moque bien des théories et de la différence entre drame et mélodrame ! Il ne pense qu'à son intrigue et ses personnages. Ses romans sont toujours très lus et mille fois adaptés – LES TROIS MOUSQUETAIRES, LE COMTE DE MONTE-CRISTO. Ses pièces ne sont plus guère jouées – sauf KEAN, adaptée par Sartre. Et pourtant, de son temps, Dumas rencontra plus de succès et moins d'hostilité critique que son ami et rival, Hugo. Une explication : il a su écrire des drames contemporains (tel ANTONY) et pas seulement historiques.

Outre un mariage malheureux avec une actrice – Ida Ferrier, qui le battait ! –, il multiplia les extravagances et les liaisons. Et engendra le plus bourgeois des fils !

Alexandre Dumas fils (1824-1895), le père de LA DAME AUX CAMÉLIAS

Fils de… un père célèbre dont la personnalité vous écrase, et père de… la Dame qui éclipse le reste de l'œuvre, tel est le destin de Dumas fils.

Enfant naturel, déclaré de père et mère inconnus, reconnu à 7 ans, bâtard mis en pension, adolescent déchiré entre ses parents, il porte un nom célébrissime et s'engage sur le même terrain : l'écriture.

Auteurs et acteurs, fils de…, frère de…, les familles par le sang

Passionnante question de l'inné ou de l'acquis. Existe-t-il un gène du génie ? Peut-on recevoir en héritage un talent ? Sinon, serait-ce le virus de la vocation, la fascination pour un père ou un aîné, l'apprentissage précoce et la formation sur le tas plus facile ? Le jeu des relations familiales ou le « piston » pourrait largement compenser le handicap d'un nom parfois lourd à porter…

Au cirque, on peut parler de dynastie ! Le premier, né à Paris avant la Révolution, a encore une descendance en Alexandra Franconi.

Les familles d'acteurs sont la règle dès les premières troupes ambulantes – italiennes. Voir aussi les Béjart, une fratrie, presque une tribu, cinq frères et sœurs, « les Enfants de la famille », devenus l'Illustre-Théâtre avec Molière. Citons à la même époque, également célèbres, les Baron, les Poisson, les Montfleury.

Les Deburau sont mimes de père en fils sur le boulevard du Crime, les frères Mounet (Mounet-Sully et Paul Mounet), illustres tragédiens à la Comédie-Française, les frères Coquelin (aîné et cadet), moins longtemps à la Comédie-Française, mais vedettes sur le boulevard.

En 2008, les Brasseur font très fort : sept générations de père en fils, les deux dernières (Claude et Alexandre) jouant MON PÈRE AVAIT RAISON, écrit par Sacha Guitry pour son père Lucien.

Les familles d'auteurs, c'est relativement fréquent. Quelques exemples très connus ?

Déjà, au Moyen Âge, les frères Gréban (Simon et Arnoul) sont auteurs des deux plus grands spectacles du répertoire sacré : MYSTÈRE DE LA PASSION et MYSTÈRE DES ACTES DES APÔTRES.

Pierre Corneille, l'auteur du CID, qui domine la scène tragique pendant trente ans, a un frère cadet, Thomas, qui signe le plus grand succès du siècle, TIMOCRATE.

Les frères Chénier, André le poète et Marie-Joseph, auteur tragique, sont également célèbres et victimes de leur époque tourmentée.

Les frères Goncourt, Edmond et Jules, connus pour leur JOURNAL, ont sacrifié au théâtre comme presque tous les auteurs du XIXe, et les frères Cogniard ont écrit en couple un nombre impressionnant de vaudevilles, opérettes, revues et féeries.

Dans la catégorie père et fils, tous les cas de figure existent.

Crébillon père, rival en tragédie du tragédien du siècle, Voltaire, s'oppose à Crébillon fils, auteur de parodies, moins apprécié de son temps, mais connu et joué aujourd'hui encore pour ses contes libertins.

Les Dumas père et fils, si différents l'un de l'autre dans leur personnalité et leur répertoire, sont auteurs vedettes en diverses grandes salles.

George Sand, qui adapte consciencieusement et avec succès ses romans pour la scène, a un fils, Maurice Sand, écrivain (modeste), mais créateur (très doué) d'un théâtre de marionnettes, en collaboration avec sa mère.

La popularité de Courteline fait de l'ombre à son père, Jules Moinaux, journaliste, humoriste, librettiste et vaudevilliste à succès.

Même cas chez les Feydeau, Georges a fait oublier Ernest Feydeau, romancier connu.

Edmond Rostand écrase son fils, auteur : brocardé par les chansonniers, critiqué pour ses vers « kitsch », Maurice Rostand écrit LA GLOIRE pour Sarah Bernhardt, 77 ans, forcément assise (amputée d'une jambe), regardant *La Gloire*, ce tableau qui obsède un jeune peintre, fils d'un artiste génial. Cela relève du docteur Freud.

Tristan Bernard, qui cultive l'humour dans sa vie et ses œuvres, laisse un théâtre parisien à son nom, et trois fils, dont un auteur dramatique (Jean-Jacques) et un réalisateur de film (Raymond). Francis Veber, qui multiplie les succès sur le boulevard, est son petit-neveu, dans une famille où l'on écrit beaucoup, y compris pour le théâtre (Pierre Veber, Serge Veber.) Françoise Dorin, boulevardière et romancière, fut une « fille à papa » (René Dorin, chansonnier).

Il y a beaucoup plus de cas qu'il n'y paraît, avec le jeu des pseudonymes. Ainsi, Maurice Druon – qui débute sa carrière en 1942 par une pièce de théâtre – est le fils d'un acteur, Lazare Kessel, le neveu de Joseph Kessel lui-même tenté, très jeune, par la scène, et l'arrière-neveu de Charles Cros, poète et auteur de pièces.

> Conclusion ? Pas de réponse à la question initiale, mais une certitude : les familles d'artistes sont une indéniable réalité, dans le spectacle. Avec les familles par alliance, le phénomène est bien plus important.

Sa vie durant, fasciné par le génie et le modèle paternels, Dumas fils se démarque de tout ce qu'il déteste dans le personnage. Face au débauché, il se veut homme rangé. Face au prodigue, il épargne en bourgeois. Face au provocateur, il brigue l'Académie française et les honneurs. Face à l'imaginaire délirant, il se voue à l'étude de mœurs réaliste.

Le parcours professionnel des deux Dumas se partage entre littérature et théâtre, fait courant au XIXe siècle. Dumas fils écrira une vingtaine de romans et presque autant de pièces, souvent des succès au Gymnase. Quand il traite des relations au père, c'est du vécu : voir LE FILS NATUREL et UN PÈRE PRODIGUE. Le sort des « filles-mères » et autres femmes délaissées ou méprisées l'inspire autant que le cas des enfants illégitimes. C'est encore du vécu : ainsi, LA DAME AUX CAMÉLIAS.

À 20 ans, il a une liaison avec la demi-mondaine Marie Duplessis. Elle aussi a 20 ans, mais elle mourra de phtisie trois ans plus tard. La tuberculose est le mal du siècle. Marie devient Marguerite Gautier, lui se rebaptise Armand Duval. Il avoue : « N'ayant pas encore l'âge où l'on invente, je me contente de raconter. » En réalité, c'est la forme et le fond de son talent.

> *On ne devient pas un auteur dramatique, on l'est tout de suite ou jamais, comme on est blond ou brun, sans le vouloir.*

Il le pense et prie son père de l'aider pour une adaptation du roman à la scène. Le père ne dit pas non, mais il a d'autres chantiers en cours, il tarde, le fils se lance. LA DAME AUX CAMÉLIAS triomphe sur scène en 1852. Le drame est aussitôt adapté en TRAVIATA par Verdi (sur un livret de Piave). Le grand compositeur vit de son côté avec une « traviata » (dévoyée). Et la bonne société italienne l'admet aussi mal que la bourgeoisie française. Scandale, scandale – sans doute sans préméditation des deux créateurs !

Difficile de juger le talent de Dumas fils. Du métier, oui, de la sincérité, assurément. Et la chance, la rencontre avec un personnage (moitié réel, moitié réécrit) qui attire les plus grandes comédiennes et touche encore le public.

Honoré de Balzac (1799-1850), immense romancier, mais auteur dramatique raté

Le cas est simple : un génie pour le roman et le feuilleton, avec une COMÉDIE HUMAINE fabuleusement riche de personnages lancés dans des intrigues foisonnantes et toujours passionnantes, mais aucun talent pour le théâtre.

Balzac est attiré par la scène comme tous ses confrères. Il a une raison de plus : des dettes. Or, au théâtre, on peut se refaire une santé en un soir.

Il a déjà tenté le coup en 1839, mais malgré sa célébrité, la Renaissance a refusé son manuscrit, L'ÉCOLE DES MÉNAGES, une comédie bourgeoise.

Il récidive, la Porte St-Martin monte son VAUTRIN qu'il a retouché jusqu'à la dernière heure. Mais il va jouer de malchance devant le Tout-Paris dans la salle, et malgré le monstre sacré à l'affiche. Ou plutôt à cause de lui… Et de la censure.

Nouveau coup de théâtre de Lemaître : VAUTRIN, entre autres victimes

Dans cinq heures de temps, il sera décidé si je paie ou si je ne paie pas mes dettes.
Balzac

Ainsi parle-t-il, le 14 mars 1840. L'écrivain prolifique envie les auteurs dramatiques qui peuvent si vite faire fortune, lui qui s'épuise à tirer à la ligne pour ses feuilletons !

Alors, il s'est emprunté le personnage de Vautrin, si présent et vivant dans LA COMÉDIE HUMAINE : ce « fameux gaillard » apparu dans LE PÈRE GORIOT (1834) et qui traverse LES ILLUSIONS PERDUES (1837-43), ce colosse qui a tout connu, « les vaisseaux, la mer, la France, l'étranger, les affaires, les hommes, les événements, les lois, les hôtels et les prisons ». Vautrin, alias Jacques Collin, dit Trompe-la-Mort, forçat évadé, criminel récidiviste, en révolte contre la société moderne et qui se bat dans la jungle sociale.

Les lois du théâtre ne sont pas celles du roman.

Malgré toutes les retouches, c'est une pièce « injouable » qu'il a finalement donnée à la Porte St-Martin. Harel, le directeur, sait prendre des risques, il l'a prouvé avec Hugo et Dumas, et il a l'acteur né pour ça, Frédérick Lemaître, devenu star sur le boulevard. Théophile Gautier témoignera de son art de la métamorphose, dans ce nouveau rôle-titre : « Tantôt vieux baron allemand au pied bot et bossu ; tantôt ambassadeur mexicain, grand, gros, basané, avec des favoris violents et un houpet pyramidal ! »

Voilà bien le drame : outre le fait que la pièce est injouable, le cabotin génial a décidé, le soir de la première, de jouer en se faisant la tête de Louis-Philippe. Le roi est déjà malmené par les caricaturistes de presse, mais au théâtre, en public, c'est pire ! La censure (préalable, et rétablie en 1835) avait laissé passer le texte. L'interdiction tombe après la première. Il n'y aura pas de seconde représentation. Le système est pervers : le théâtre a engagé de gros frais, Harel frôle toujours la faillite. Cette fois, c'est la fin du « Napoléon des directeurs ».

Les grands acteurs eurent parfois de ces initiatives d'autant moins contrôlables que le metteur en scène n'existe pas encore. Talma, capable des mêmes audaces à la Comédie-Française, osa le même coup en 1821 : sa perruque pour SYLLA lui faisait la tête de l'Empereur Napoléon Ier – d'où le triomphe, mémorable, pour l'acteur et l'auteur de la tragédie (De Jouy). Le théâtre est quand même une loterie.

Vivre de sa plume est un travail auquel se refuseraient les forçats,
ils préfèreraient la mort.

Balzac

L'auteur s'obstine. Il a des défenseurs – Lamartine, Hugo, Mme de Girardin (femme de l'inventeur de la presse moderne). En 1842, il donne à l'Odéon LES RESSOURCES DE QUINOLA. Cette comédie en 5 actes ne fut pas mieux accueillie. LA MARÂTRE, un drame, tombe mal, en 1848. Le public a davantage la tête à la Révolution et ses suites.

MERCADET, drame vécu, écrit et réécrit après refus de diverses salles, devenu LE FAISEUR, allait avoir une chance à la Comédie-Française, mais l'auteur ne peut apporter les corrections demandées. Peut-être un mal pour un bien… Réécrit après la mort de Balzac par d'Ennery, réduit de 5 à 3 actes, retitré MERCADET LE FAISEUR, la pièce échoue au Gymnase.

Quelques reprises, quelques adaptations, un acharnement un peu vain – dû à la célébrité du romancier, ou à l'admiration des inconditionnels ? Comme disait Dumas fils, et c'est particulièrement vrai dans le cas de Balzac : « On ne devient pas un auteur dramatique, on l'est tout de suite ou jamais… »

Autre leçon de cet échec balzacien : il ne suffit pas d'être célèbre pour avoir fût-ce un succès d'estime, au théâtre. Les mésaventures de personnalités tout-parisiennes l'ont prouvé encore récemment. C'est finalement assez moral, et cela laisse place au talent d'inconnus, en quête de reconnaissance.

Eugène Labiche (1815-1888), l'art de croquer le bourgeois et de lui plaire

Enfance heureuse dans une famille très aisée, bonnes études et adolescence voyageuse, colosse sportif et d'humeur toujours gaie, voilà l'homme – aux antipodes de l'artiste romantique et de l'intellectuel tourmenté !

Labiche est un « bourgeois ». Méthodique jusqu'à la manie, intéressé jusqu'au sordide, détestant le peuple jusqu'à la phobie aux heures critiques (Révolution de 1848, Commune de 1871), il a les qualités et les défauts de sa classe. Encore faut-il en user avec talent. Il le fit avec un sûr métier – et une forme de génie. En 40 ans de carrière (1837-1877) et quelque 175 pièces (presque toutes en collaboration). Parcours sans faute, logique sans faille !

Il débute par de petits vaudevilles en un acte : « l'art d'être bête avec des couplets », dit-il. Puis il passe à la vraie comédie (de mœurs et de caractère). UN CHAPEAU DE PAILLE D'ITALIE fait 300 représentations au Palais-Royal. Il devient l'auteur-maison. Il a trouvé sa forme, son style, son public. Il affine la mécanique du vaudeville-farce et du quiproquo. Il édicte sa règle et s'y tient :

> « *Une pièce est une bête à mille pattes qui doit toujours être en route. Si elle se ralentit, le public bâille.* »

Et il peaufine la « pièce bien faite », comme Scribe, et bientôt Feydeau.

Survient « la rencontre providentielle de Labiche avec Geoffroy, l'heureuse conjonction de ces deux ventres. Le bourgeois remplit l'œuvre entière de Labiche, parce que Geoffroy, c'était le bourgeois que, au surplus, le bourgeois c'était aussi Labiche. » (Sarcey)

L'auteur a trouvé son personnage : il va l'exploiter, en un ou 5 actes, avec ou sans couplets, au fil des succès qui ont titres LE VOYAGE DE MONSIEUR PERRICHON, LA POUDRE AUX YEUX, LA STATION CHAMPBAUDET, CÉLIMARE LE BIEN-AIMÉ, LA CAGNOTTE ou encore LES TRENTE MILLIONS DE GLADIATOR. En 1880, il écrira : « Je me suis adonné presque exclusivement à l'étude du bourgeois. Cet animal offre des ressources sans nombre à qui sait le voir. Il est inépuisable. C'est une perle de bêtise qu'on peut monter de toutes les façons. » Vaniteux, cupide, égocentrique, infidèle, hypocrite, pansu et philistin, le personnage a tout pour plaire, et faire rire les salles pleines – de bourgeois !

Le très bourgeois Labiche en retira ce qu'il désirait : argent et gloire. De la Légion d'honneur à l'Académie, en passant par la Comédie-Française. Une parfaite réussite. Sa comédie de l'égoïsme, MOI, fait dire à Stendhal : « C'est du Molière ! ». Presque.

Associé à la fête impériale, sa carrière s'achève au début de la IIIe République. Il est assez riche pour vivre une retraite dorée, et le boulevard va se trouver d'autres auteurs à succès, tels Feydeau, Bourdet, Bernstein, Verneuil ou Guitry.

Labiche, méprisé (presque autant que Scribe) comme auteur bourgeois, et de boulevard, fut redécouvert dans les années 1970 : relecture marxisante, distanciation brechtienne, mises en scène soulignant son humour noir, sa cruauté, ce théâtre de l'absurde et... la critique sociale du bourgeois contre le bourgeois.

Vrai ou faux ? Qu'importe. Ses personnages touchent à l'universel, sa technique dramatique à la perfection. En vertu de quoi Labiche est l'auteur comique français le plus joué au monde, après Molière.

Meilhac et Halévy, un tandem d'auteurs gagnants sur tous les terrains

Écrire à deux n'est pas rare au XIXe siècle : les auteurs doivent fournir à la demande des directeurs, toujours en manque de textes nouveaux. Ainsi font les Dumas, Scribe, Labiche à la production abondante... En tel cas, un nom occulte l'autre : qui connaît les Maquet, Legouvé, Marc-Michel et autres collaborateurs ?

Meilhac et Halévy, c'est au contraire devenu un nom d'auteur composé, derrière lequel s'effacent les deux auteurs. Et pourtant, ils ont existé, séparément.

Henri Meilhac (1831-1897), employé de librairie, puis auteur de vaudevilles à succès sur le boulevard, a écrit une pièce dont est tiré le livret de LA VEUVE JOYEUSE.

Ludovic Halévy (1834-1908), fils d'une grande famille d'artistes et d'intellectuels, membre de l'Académie française, est un romancier à succès.

C'est en couple qu'ils vont donner le meilleur de leur talent (voir page 129). On leur doit des livrets d'opérette – dont LE PETIT DUC, pour Lecoq. Et le livret de l'opéra-comique français le plus joué au monde, tiré d'une nouvelle de Mérimée, CARMEN de Bizet. Ils ont écrit des vaudevilles « comme tout le monde » à l'époque – dont TRICOCHE ET CACOLET. Ils ont même créé un type, LA PARISIENNE, tiré d'une comédie sentimentale, FROUFROU. On recyclait tout en cette période dévoreuse d'idées, avide de spectacles et donc en quête perpétuelle de textes jouables.

Leur double nom est surtout associé à celui du génial Offenbach : librettistes vedettes de ses grands opéras bouffes éternellement repris et applaudis, LA BELLE HÉLÈNE, LA VIE PARISIENNE, LA GRANDE DUCHESSE DE GÉROLSTEIN, LA PÉRICHOLE ou encore LES BRIGANDS. Fantaisie débridée, satire pétillante, efficacité dramatique... le tout orchestré par leur compositeur, très soucieux de la qualité de ses livrets et doué d'un sens infaillible de la scène. Si ces œuvres restent au répertoire, il y a des raisons.

Autre duo célèbre d'auteurs de théâtre : de Flers et Caillavet (également librettistes) avant et après 1900. Et dans les années 1950-1970, Barillet et Grédy, souvent à l'affiche des salles de boulevard.

Edmond Rostand (1868-1918), derniers feux de la rampe pour l'alexandrin romantique

Rostand a écrit quelques pièces originales, mais peu convaincantes, en début de carrière – notamment pour Sarah Bernhardt qui attirait tous les originaux – et à la fin, CHANTECLER, fantaisie animalière sur les amours d'un coq qui croit faire se lever le soleil en chantant – Lucien Guitry sauva le spectacle, rarement repris.

Sarah Bernhardt.

Il reste à jamais l'auteur de deux triomphes : CYRANO DE BERGERAC (1897) et L'AIGLON (1900). Rôles-titres taillés à la démesure de monstres sacrés.

CYRANO, c'est Coquelin (Constant), comédien tout en puissance : rôle le plus long du répertoire français (1 200 vers sur un total de 2 570), performance physique, il fera vivre Cyrano près de mille fois (jusqu'à sa mort). La pièce désarme la critique, passionne le public et attire toujours les acteurs « à prouesses », qui en sont marqués à jamais.

L'AIGLON offre à Sarah une fascinante composition (âge et sexe), et un superbe rôle à Lucien Guitry qui incarne Flambeau – et met en scène.

Auteur adulé à Paris, naturellement de l'Académie française, internationalement célèbre, Rostand, malade, se retire au Pays basque où il meurt à 50 ans.

Le génie relève ici d'une alchimie à ce point mystérieuse que nul ne pourra la reproduire, pas même l'auteur ! Il réagit contre naturalisme et symbolisme qui marquent le nouveau théâtre, défendu et mis en scène par Antoine et Lugné-Poë. Il reprend l'héritage romantique de Hugo : enjambement qui casse l'alexandrin et le rend vivant, parlé, facile ; héros perdants et magnifiques, mélange de grotesque et de sublime dans CYRANO, et légende napoléonienne (qui fit rêver toute une génération) dans L'AIGLON. Au romantisme, il ajoute une foule d'autres influences, surtout dans la meilleure de ses pièces : baroque de l'époque du vrai Cyrano (auteur libertin du XVIIe), théâtre dans le théâtre, mélodrame et grand spectacle, roman de cape et d'épée... De tout cela, mêlant panache et parodie, il crée un style, avec un sens de la scène à faire et de la tirade à placer, des didascalies aussi précises et exigeantes qu'une mise en scène de cinéma ou de Feydeau, et une minutie de détails qui rappelle... le théâtre réaliste et naturaliste.

Décidément, on trouve tout, chez Rostand qui réussit surtout à être un auteur populaire – rêve de tout artiste. Son fils n'aura pas cette chance (voir page 44).

Georges Feydeau (1862-1921), maître du vaudeville, le rire à la folie

À cheval sur deux siècles, il porte à un point de perfection jamais atteint et plus jamais dépassé un genre venu de loin, de la foire : le vaudeville (voir pages 26 et 29). Avec lui, ce style populaire et mineur acquiert ses lettres de noblesse, et les honneurs de la Comédie-Française : toute son œuvre est entrée au répertoire !

Feydeau est fils d'un romancier, célèbre sous le Second Empire. Pensionnaire au collège Sainte-Barbe, il néglige ses études pour écrire monologues et pièces en un acte. Ce paresseux, qui travaillera tant, adore les coulisses du spectacle et hésite entre deux vocations : auteur ou acteur. Son premier vrai succès, TAILLEUR POUR DAMES, l'incite à écrire dans le genre vaudeville. Suivent nombre d'échecs (public et critique), avant le triomphe de trois pièces en 3 actes, la même année 1892 : MONSIEUR CHASSE !, LE SYSTÈME RIBADIER, CHAMPIGNOL MALGRÉ LUI.

Feydeau, professionnel de la « pièce bien faite », a trouvé son style, son format, son public. Les succès se suivent et se ressemblent, chaque pièce étant fabriquée de la même manière : Un fil à la patte, L'Hôtel du libre-échange, Le Dindon, La Dame de chez Maxim (1899) – triomphe qui dépasse la 1 000ᵉ, aux Nouveautés où Feydeau est chez lui –, La Puce à l'oreille, Occupe-toi d'Amélie.

Ce grand viveur de la fête parisienne met sur scène les personnages qu'il croise – bourgeoisie fin de siècle et monde interlope. Son art consiste à les piéger avec une logique implacable, pour les entraîner dans une mécanique survoltée, bourrée de quiproquos et de rebondissements en chaîne, d'objets délirants, de portes qui claquent à toute allure. La mise en scène est une horlogerie de précision – et il s'en charge. Les didascalies entrent dans tous les détails – et malheur à qui monte et joue Feydeau contre Feydeau. Oui, le vaudeville est un genre parfaitement codifié – et le maître en a fait la théorie. Prouvant s'il en est besoin qu'il y a des règles, et même des lois scéniques.

Feydeau dépasse les précédents vaudevillistes, Scribe et Labiche. Et se distingue du (bon ou mauvais) boulevard : pas de mots d'auteur, pas de psychologie des personnages. Le dialogue est asservi au rythme de l'action, à la machine infernale. On voit poindre le cinéma burlesque, et le surréalisme, l'absurde, l'incommunicabilité – trois thèmes chers au théâtre à venir. Mais Feydeau n'a qu'un but : faire rire des salles pleines. Mission accomplie. Le public a du talent, l'esprit parisien est vif, on rit follement. On ne demande que ça : rire.

Dans les dernières pièces, le rire s'étrangle, la misogynie de l'auteur s'assombrit – il finira par préférer les hommes. Ses courtes « farces » conjugales sont le reflet d'un mariage qui tourne mal : Feu la mère de Madame, On purge bébé, Mais n'te promène donc pas toute nue !, Léonie est en avance, Hortense a dit : J'm'en fous !

Il ne peut finir son dernier grand vaudeville, une histoire d'héritage : Cent millions qui tombent. Piégé par la complexité de sa mécanique diabolique et déjà pirandellienne, il s'est mis en scène, entre cocottes et amants, domestiques et nobles déchus, tous mis à nu par le « quatrième mur » qui tombe… Feydeau meurt fou, atteint par la syphilis, comme Baudelaire, Daudet, Maupassant, Rimbaud.

Traduit dans toute l'Europe et jusqu'en Amérique, mine d'or pour le cinéma comme ses confrères à succès, Feydeau demeure l'un des auteurs comiques les plus connus dans le monde.

Alfred Jarry (1873-1907), créateur d'Ubu et auteur d'une seule pièce

L'homme, la vie et l'œuvre sont « ubuesques ».

Farce épique en 5 actes (LES POLONAIS), écrite pour des marionnettes par un collégien de 15 ans (en collaboration avec ses copains), jouée par des amateurs sur la scène du grenier familial (1887), publiée et créée par la troupe de Lugné-Poë accueillie au Nouveau Théâtre (actuel Théâtre de Paris). En 2 représentations (10 et 11 décembre 1896) et un scandale, UBU ROI entre dans l'histoire du théâtre et Jarry crée un personnage – ubuesque. On qualifie ainsi l'inqualifiable, l'énorme, l'absurde, le grotesque.

Le ton farcesque est donné dès la description de l'orchestre composé de « cervelas, oliphans verts, sacquebutes et galoubets ». Et père Ubu attaque, lançant son fameux « Merdre ! »

Que n'a t-on vu ! Que n'a t-on dit, écrit et disserté ! Canular macabre, farce féroce, caricature de tragédie politique et parodie de pièce à grand spectacle, avec la création d'un type de bourgeois poussé au délire et donnant à voir l'Homme dans toute son horreur, bêtise, brutalité, méchanceté, lâcheté, laideur – Firmin Gémier, génial dans cette composition « héneaurme », hors-norme. Et en prime, l'invention d'un langage, Ubu parlant un jargon, le Jarry, riche d'images, de calembours et de néologismes.

Il y a aussi un air d'Aristophane (la satire et la politique), de Shakespeare (la tyrannie et le pouvoir) et de Rabelais (le verbe et la truculence). Les surréalistes, André Breton en tête, firent de Jarry leur maître. On voit enfin en UBU ROI les prémices du théâtre de l'absurde des années 1950 – ce théâtre pas gai et qui fait rire.

Parenté théâtrale écrasante, et paradoxale, pour un auteur qui disserte « De l'inutilité du théâtre au théâtre » et veut l'acteurmarionnette à la fois masqué, mécanisé, voix fabriquée, privé de toute psychologie, lancé dans une « abstraction qui marche ».

Jarry, amateur de canulars et mystificateur professionnel, cycliste du Quartier latin et briseur de vitres au revolver, mort alcoolique et dans la misère à 34 ans, est l'un des premiers « extravagants » – jeunes révoltés qui vont s'opposer à l'ordre établi, jusqu'à la folie d'un Artaud. Et le seul auteur français découvert par le courant symboliste en mal de textes.

Dernier paradoxe : cette célébrité « ubuesque » se joue sur un personnage et une pièce montée seulement 5 fois, entre 1896 et 1950 ! Jean Vilar (avec Georges Wilson en Ubu, au TNP, 1958) donnera une autre dimension au mythe que certains comparent aujourd'hui à Faust et Don Juan.

Entre Ubu et Jarry, quel est le plus beau sujet de théâtre ? Les deux.

Romain Rolland (1866-1944), un homme et une œuvre engagés

Écrire pour le théâtre, c'est aussi cela, une forme d'engagement, si loin d'un projet de carrière et d'une fabrication artistique.

L'auteur, humaniste aux idées généreuses (prix Nobel de littérature en 1916), est surtout connu pour JEAN-CHRISTOPHE (biographie romancée de Beethoven, en 10 volumes). Il a pourtant débuté par une pièce, LES LOUPS (1898), tout entier animé du désir de toucher le peuple, et de faire son éducation – donc œuvre utile. « Il s'agit de fonder un art nouveau pour un monde nouveau. »

La mission s'inscrit dans le contexte politique de l'époque (socialisme, militantisme, syndicalisme) et le courant naissant du théâtre populaire, idée force du XXe siècle, sous le signe de Gémier, Vilar. C'est en même temps une réaction au mercantilisme du théâtre parisien (boulevard, opérette, music-hall) et à l'esthétisme des nouveaux courants (naturalisme et symbolisme).

LES LOUPS (MORITURI – ceux qui vont mourir), créé par la troupe de Lugné-Poë, écrit en six jours, inspiré de l'affaire Dreyfus – qui divise la France en deux camps – est transposé sous la Révolution, au temps de « la patrie en danger ». En exergue, le proverbe latin : *Homo homini lupus* (l'homme est un loup pour l'homme). Et le mot de la fin : « Que mon nom soit flétri, mais que la patrie soit sauvée ! »

Zola assiste à la première. Tumulte dans la salle, dreyfusards contre antidreyfusards. Les allusions à l'Affaire sont trop évidentes, et l'auteur ne s'en cache pas. Mais au-delà, « le sujet de mon drame est la fatalité qui oppose l'un à l'autre les plus impérieux devoirs et les détruit l'un par l'autre… l'implacable Destin qui mène les uns et les autres, et qui est le vrai coupable de tous les crimes de l'humanité. »

Rolland poursuit sur la voie de ce théâtre engagé, d'où le cycle des 8 pièces du THÉÂTRE DE LA RÉVOLUTION. Il fait la théorie de cet engagement, dans LE THÉÂTRE DU PEUPLE (essai d'esthétique d'un théâtre nouveau). Mais le peuple ne suit pas, les professionnels qui le voudraient n'ont pas les moyens de cette ambition, l'indispensable partenaire de cette entreprise de service public, l'État, ne répond pas encore présent. Il faudra attendre le TNP de 1920 (et surtout 1951).

Le Théâtre Romain Rolland de Villejuif, en banlieue parisienne, rappelle le nom de cet intellectuel (vraiment) de gauche, auteur militant et pionnier, qui fut une référence dans l'entre-deux-guerres. Et à qui l'engagement donna du talent.

L'engagement est un mot du passé, mais il a un avenir. Les causes politiques et sociales, écologiques et humanitaires ne manquent pas et valent bien une pièce ! Ne pas oublier cette belle et bonne raison d'écrire pour le théâtre.

Georges Courteline (1858-1929), l'art de la forme courte

Un acte, un seul acte, voilà ma mesure au théâtre.

Ainsi parle Courteline, auteur d'une centaine de farces, saynètes et comédies. Privé d'imagination, dit-il, mais dans un cadre court, quel talent !

Son père, chroniqueur à la Gazette des Tribunaux, néanmoins humoriste et auteur dramatique, n'a qu'un souhait : que son fils n'écrive pas !

Le fils s'ennuie abominablement en internat, échoue au bac, fait son service militaire à Bar-le-Duc dans les chasseurs à cheval, plus souvent à l'infirmerie qu'en manœuvres, et surtout en repos à Paris, avant d'être réformé, pour devenir, piston paternel aidant, fonctionnaire au ministère de l'Intérieur, service des Cultes. Il partira, dès qu'il pourra vivre de son unique vocation – l'écriture.

Le service militaire et le ministère furent au moins deux bons postes d'observation : voir LES GAIETÉS DE L'ESCADRON et MESSIEURS LES RONDS-DE-CUIR. Il s'attaque ensuite aux (petits) bourgeois, en adaptant une de ses nouvelles au théâtre : BOUBOUROCHE. La justice et les tribunaux, la police et la gendarmerie sont d'autres cibles et il fait mouche, entre UN CLIENT SÉRIEUX, LE COMMISSAIRE EST BON ENFANT, LE GENDARME EST SANS PITIÉ. Il s'attaque enfin au couple, thème inépuisable.

Antoine, infatigable découvreur de talents qui a mis en scène sa première pièce, à l'époque héroïque du Théâtre-Libre, monte LA PAIX CHEZ SOI (1903) : voici enfin le grand succès dont son théâtre éponyme a tant besoin !

Le choix de sujets quotidiens, le dialogue jovial et caustique donnent un réalisme boulevardier qui peut passer pour une forme « grand public » du naturalisme cher à ce metteur en scène. Un malentendu fort bienvenu !

La qualité Courteline est toujours présente et renouvelée, au fil de son œuvre : personnages bien croqués, dialogues bien ciselés, portraits et situations plus vrais que nature, reflet de l'époque et de ses manies, travers et ridicules. Moins cynique que Scribe, moins méchant que Feydeau, il garde un regard critique sur ses contemporains, si médiocres, si stupides ! Et la satire du quotidien va parfois jusqu'à l'absurde.

« Je ne me croyais pas si dépourvu de talent… » Et à 54 ans, il renonce à écrire. Après le Théâtre-Libre d'Antoine et le Grand-Guignol, grand consommateur de petites pièces, Courteline entre au répertoire de la Comédie-Française. N'a-t-on pas dit qu'il a retrouvé le secret de la farce, perdu depuis Molière ?

La pièce courte – qui se distingue du sketch, avec ses personnages, ses dialogues et son intrigue – semble aujourd'hui passée de mode. L'époque est pourtant propice à la consommation rapide, la forme brève, la création « clippée ». Peut-être une piste à explorer par les humoristes d'aujourd'hui.

Paul Claudel (1868-1955), une carrière et une œuvre atypiques

Ambassadeur et poète, voici le plus inclassable des auteurs français. À 18 ans, il découvre Rimbaud, et Dieu (illumination à Notre-Dame de Paris, le jour de Noël). À 20 ans, il écrit Tête d'or : Maeterlinck salue l'« effrayant génie » de cet enfant. Il écrit encore La Jeune Fille Violaine et La Ville. Reçu premier au concours des Ambassades, il va mener une double vie très pleine, et voyageuse. Toutes les choses vues, les passions vécues vont nourrir son œuvre.

Vice-consul à New York, puis Boston, il voit l'essor économique symboliquement transposé dans L'Échange. Nommé en Asie, nouveau choc de civilisation et passion pour Rose Vetch, mariée à un petit aventurier colonial. Son drame, transposé, donne Partage de Midi. Il abandonne l'écriture, s'y remet pour une trilogie historique : L'Otage, Le Pain dur, Le Père humilié. Il réécrit La Ville et La Jeune fille Violaine, devenue L'Annonce faite à Marie.

Ministre plénipotentiaire à Rio de Janeiro, il revoit la femme de sa passion, se retrouve ambassadeur au Japon. Cette somme d'expériences donne Le Soulier de satin (11 heures en version intégrale, écrit entre 1919 et 1924) : Rodrigue, conquistador du nouveau monde, vit une passion impossible pour Doña Prouhèze et choisit, comme elle, le renoncement voulu par la Providence.

L'œuvre est finie – même s'il réécrit toujours de nouvelles versions. Il a forgé son outil, le verset claudélien (« prêt à parler » pour le comédien). Sa forme en fait le grand symboliste du répertoire, aux antipodes du naturalisme ou du réalisme qui envahit les scènes et remplit les salles. Quant au fond, c'est une quête intime du spirituel, dans une société d'argent et d'intérêts qui y fait obstacle. Tout cela passe à travers ses héros solitaires et passionnés, galerie de personnages typés, inoubliables, et un sens de la (grande) scène à faire. D'où un théâtre épique et total, mêlant le tragique au grotesque, le symbole et l'histoire.

Sa carrière se joue en deux temps, séparés par un entracte de trente ans ! Claudel est créé par Lugné-Poë et Copeau : L'ANNONCE, L'ÉCHANGE, L'OTAGE. Le public découvre un auteur. La guerre de 1914 brise l'élan.

Claudel n'est plus joué ensuite que par des compagnies d'amateurs, en province. Il décourage le Cartel par ses revirements. Il hésite à voir mis en scène des épisodes intimes de sa vie. Il voyage beaucoup et juge indispensable la présence de l'auteur aux répétitions, pour corriger le texte jusqu'à l'ultime version. Seule exception, Pitoëff aux Mathurins parvient à monter L'ÉCHANGE (1937).

Cette même année, c'est la Rencontre avec Jean-Louis Barrault, 27 ans. Claudel lui confie LE SOULIER DE SATIN : révélation à la Comédie-Française, devant tout Paris et beaucoup d'uniformes allemands, avec une distribution de rêve, en 1943.

Le jeune auteur de 75 ans vit une nouvelle passion par et pour le théâtre. Barrault en fait l'un de ses auteurs majeurs. Il est périodiquement repris, sur les scènes subventionnées. Vitez, le premier, monte l'intégrale du SOULIER DE SATIN.

Aucune leçon à tirer de cet exemple – hormis la passion du théâtre, la vertu des rencontres. Et l'utilité des retouches.

Jean Giraudoux (1882-1944), écrivain de théâtre sous le signe de Jouvet

Diplomate et romancier, il vit son premier succès dramatique à 66 ans : SIEGFRIED. Le dernier sera posthume : LA FOLLE DE CHAILLOT, ultime triomphe pour Marguerite Moreno. C'est donc une courte carrière.

Toutes les pièces de Giraudoux sont créées par Jouvet : exemple rare de fidélité mutuelle. Les rôles sont écrits en pensant aux comédiens de sa troupe, et d'abord au Patron, premier inspirateur : « Mon intimité avec lui est si grande, notre attelage dramatique si bien noué, que l'apparition larvaire en une minute a pris déjà sa bouche, son œil narquois et sa prononciation. » De SIEGFRIED à ONDINE, chaque spectacle est le fruit d'un travail commun : « L'auteur a maintenant deux muses, l'une avant l'écriture qui est Thalie, et l'autre après, qui est pour moi Jouvet. » – parole de Giraudoux.

Il écrit aussi pour le public de Jouvet – public formé par le Cartel au plaisir du bon théâtre, à l'écoute du « beau texte ». Giraudoux a un style très (trop) littéraire, qui emmène le spectateur (attentif) dans le monde des idées, des sentiments, du merveilleux. Public cultivé, voire initié, capable d'apprécier ses variations personnelles sur des légendes (ONDINE) ou des mythes classiques. Giraudoux n'est pas le seul, avec Molière : AMPHITRYON 38 est (d'après ses calculs) la 38e version de la comédie de Plaute, IIIe siècle avant J.-C. !

Giraudoux écrit également pour traiter des problèmes d'actualité (d'avant-guerre) : nécessité d'un rapprochement franco-allemand (SIEGFRIED, thème récurrent du blessé de guerre amnésique), angoisse à l'approche du conflit (LA GUERRE DE TROIE N'AURA PAS LIEU), urbanisme envahissant des promoteurs et profiteurs (LA FOLLE DE CHAILLOT). Son théâtre devient tribune pour public intelligent.

Il a ressuscité le genre tragique qu'on croyait mort, renouvelé la veine poétique et féerique. S'il nous parle encore, c'est qu'il a su créer des personnages dont la fragilité humaine tente toujours les comédiens – les comédiennes surtout.

Sacha Guitry (1885-1957), roi du boulevard

C'est aussi un fils de… Lucien Guitry (voir page 44). Ils seront en scène de père en fils, têtes d'affiche 80 ans à eux deux ! Mais le père est seulement acteur – immense acteur. On l'a vu dans le répertoire de Rostand. Également à l'aise chez les bons auteurs de boulevard, et impressionnant dans Molière.

Sacha Guitry naît quasiment dans les coulisses du théâtre où ses parents comédiens sont en tournée, à Saint-Pétersbourg – d'où son prénom. Il vit dans le sillage du père admiré, croisant ainsi toutes les gloires artistiques du temps.

Il débute à 16 ans avec LE PAGE, opéra bouffe en un acte, aux Mathurins. À 20 ans, il y donne sa première grande pièce : NONO (1906), avec un rôle pour sa première femme, Charlotte Lysès, et le grand Victor Boucher.

Le ton est donné, le rythme est pris… Cela va durer un demi-siècle. Près de 140 pièces et plus 30 films – quelques fresques historiques au générique prestigieux, et ses pièces adaptées, qu'il joue et met en scène, manière d'assurer son éternité. Le public adore. La critique est plus critique, et parle de « théâtre filmé » (comme pour Pagnol), de mégalomanie en scène…

Sacha Guitry sera l'auteur-acteur le plus fêté du boulevard, joué partout, mais « comme chez lui » aux Mathurins, surnommé Théâtre Sacha Guitry (il ne cesse de faire changer la décoration de la petite salle dirigée par Marguerite Deval), à l'Édouard VII dont il devient directeur, puis à la Madeleine. Il suscite bien des jalousies, et les règlements de comptes seront rudes, à la Libération.

L'incroyable facilité (parfois moins de 3 jours pour une pièce), les mots d'auteur (qui font le bonheur des dictionnaires de citations), l'esprit français et parisien, l'art de parler de l'amour et des femmes avec légèreté, sans vulgarité, il a tout cela. La fascination exercée sur son public tient aussi à la confusion permanente, parfaitement entretenue, entre son personnage à la ville et à la scène. On parlerait aujourd'hui d'une parfaite maîtrise de la « médiatisation ». C'est le même homme, toujours en représentation. Non seulement il s'écrit et se décrit à travers ses rôles, mais il met ses femmes sur scène, ses amours. Et parfois l'amant, avec sa femme Yvonne Printemps. Tout Paris est au spectacle et dans la confidence.

Le couple formé avec son père fait partie de ce jeu. Leur brouille est de notoriété publique – le fils a épousé la maîtresse du père, Charlotte Lysès. On attend la pièce de la réconciliation : et voilà Lucien Guitry, dans PASTEUR (1919).

Contrairement aux prédictions critiques, les pièces de Guitry sont régulièrement reprises : MON PÈRE AVAIT RAISON, DÉSIRÉ,

Deburau, Le Nouveau Testament, La Jalousie, Faisons un rêve, N'écoutez pas, Mesdames ! Elles attirent les acteurs, elles parlent au public. On a dit que Sacha Guitry était le Molière de la IVe République. Mais sous la Ve, saison 2007-2008, il continue de triompher. Il y a toujours une raison à cela : le talent. Et une autre : le rire, la comédie à la française.

Jean Cocteau (1889-1963), touche à tous les arts du siècle

Personnage de la vie parisienne, poète, romancier, cinéaste, acteur, dessinateur, peintre, sculpteur, « virtuose du violon d'Ingres », l'artiste est aussi un homme de théâtre complet, qui veille sur les décors, les costumes, les lumières, la musique.

Il contracte très jeune « le mal rouge et or » – la vocation du spectacle. Il commence sous le signe des Ballets russes de Diaghilev et du scandale, en écrivant l'argument de Parade (1917). Il récidive avec les Ballets suédois et le Groupe des Six (compositeurs), pour Les Mariés de la Tour Eiffel. Il traverse l'aventure surréaliste – et en réchappe, pour continuer sa carrière dramatique.

Il aborde la tragédie en « compactant » Œdipe roi et Antigone de Sophocle, en un acte – pari réussi. Il réécrit les mythes antiques : Orphée, monté par Pitoëff, et La Machine infernale, par Jouvet. C'est la reconnaissance par le Cartel. Autre consécration, la Comédie-Française, où il met en scène La Voix humaine : une femme suspendue au fil d'un téléphone, langage de la passion. Même prouesse du rôle monologue pour Édith Piaf (face à Paul Meurisse, muet) – Le Bel indifférent.

Cocteau va vers le drame bourgeois, renouvelle le théâtre de boulevard avec Les Parents terribles (1938) et réussit encore à faire scandale. Les Monstres sacrés, La Machine à écrire, pièces réalistes, séduisent le public. Cocteau passe au drame romantique, pour offrir à Jean Marais et Edwige Feuillère le duo-duel flamboyant de L'Aigle à deux têtes (1946), un grand succès, prolongé par un film.

Provocateur et curieux de toutes les avant-gardes, inlassable innovateur, homosexuel mondain et brillant, typique d'une époque, Cocteau est aussi un ami généreux, un animateur infatigable. Il meurt le même jour que son amie Édith Piaf.

Marcel Pagnol (1895-1974), nouveau ton du boulevard et créateur de personnages

Pagnol doit fortune et célébrité à un coup de génie : sa « trilogie » marseillaise.

Les premières pièces de ce jeune professeur d'anglais pèchent par un certain didactisme : LES MARCHANDS DE GLOIRE (en collaboration), TOPAZE. Du théâtre déjà efficace, comme tout (bon) boulevard, mais schématique, démonstratif.

MARIUS est son premier triomphe (1929). À l'affiche, Raimu, Fresnay, Oranne Demazis. On ne change pas une équipe qui gagne, et Pagnol exploite le filon. D'où FANNY (1931). La saga poursuit sa carrière au cinéma, devenu parlant. Pagnol écrit les scénarios et dialogues de MARIUS et FANNY. Et CÉSAR est d'abord un film qu'il écrit, produit, tourne lui-même avant d'en tirer une pièce (1946).

Dans l'enthousiasme de la découverte, fasciné par le nouveau moyen d'expression, Pagnol prédit la fermeture de toutes les salles de théâtre de Paris ! Selon lui, l'avenir du théâtre est au cinéma. Il scandalise ses confrères, auteurs dramatiques. Et il se trompe, mais pas totalement : le cinéma parlant entraîne la faillite des petits et grands théâtres de quartier. Tandis que tout un répertoire réaliste et naturaliste va passer au cinéma, art populaire.

Pagnol donne l'exemple : après CÉSAR, il tourne (d'après une nouvelle de Giono) LA FEMME DU BOULANGER (dont il fera ensuite une pièce), LA FILLE DU PUISATIER… Après guerre, son théâtre ne retrouve pas la veine d'antan – JUDAS, FABIEN. Il se tourne vers le roman – et ses romans deviendront films, après sa mort.

Spectacle toujours en crise, mais théâtre toujours vivant

Crise. Mot nouveau, mal ancien, thème récurrent aux multiples variations : financière, économique, sociale, politique, idéologique, artistique, théorique, esthétique, morale, religieuse – pour revenir à l'origine sacrée du théâtre.

Ça commence mal, en France ! Le théâtre tend à devenir professionnel, quand le Parlement de Paris interdit toute représentation (1548). La crise va durer trois quarts de siècle, tandis que l'Europe vit sa Renaissance culturelle.

Sur fond de guerres de religion, pas de salles, pas de public, pas d'auteurs. Peu d'exceptions à ce désert dramatique, quelques ballets de cour et de très rares créations d'amateurs. Le décollage sera saisissant, quand notre pays se découvre l'amour et le don du théâtre.

Le mot et la notion de crise n'existent pas aux XVIIe et XVIIIe siècles.

La vie est certes difficile pour les gens de théâtre, mais ils déplorent d'autres maux : l'incendie qui ravage périodiquement les salles ; la censure qui frappe avant ou, pire encore, après le montage d'une pièce ; le monopole des théâtres privilégiés qui réduit encore la liberté d'expression ; la concurrence qui prend toutes les formes, pas toujours légales ni loyales ; et le manque de salles qui freine l'expansion.

Il y a pourtant une crise propre au secteur public, jusqu'au XXe siècle. Le « tripot lyrique », l'Opéra, très mal géré, est toujours à court d'argent, quels que soient son statut et les rallonges de subventions. La Maison de Molière, attachée aux traditions qui font aussi sa force, peine à se renouveler, d'où une crise de fréquentation périodique, due à la concurrence des nouveaux théâtres privés où le public rit, pleure, tremble, mais ne s'ennuie pas !

Le mot de crise apparaît avec les faillites en série, conséquence directe de la liberté du spectacle, donnée par la Révolution, en 1791. Des dizaines de salles s'ouvrent à Paris, et ferment en moins d'une saison. En deux décrets et une volonté impériale, Napoléon Ier remet de l'ordre dans le paysage théâtral. Mais la crise fait désormais partie du jeu.

La crise est inhérente au capitalisme, et à l'affairisme de l'industrie du spectacle, typique du XIXe siècle. Concurrence sauvage entre salles et entre genres, inflation des coûts de production, marché à haut risque, d'où faillites de directeurs, fermetures de salle, chômage des salariés du spectacle (sans aucune protection sociale).

La Révolution de 1848 fait des ravages. Chaque guerre (1870, 1914, 1939) ferme les théâtres. Puis, très vite, le public, encore plus avide de divertissement, retrouve le chemin des salles où naissent, meurent et renaissent tant de genres concurrents.

Le XXe siècle va collectionner les crises, en faire le compte et l'analyse, avec science, conscience et une forme de complaisance.

Crise de fréquentation, mortelle aux dires de Pagnol : la concurrence du cinéma, industrie puissante, rejette le théâtre au rang d'artisanat. Et peu d'artisans ont survécu… La majorité des salles de quartier ferme, entre 1900 et 1929. Fleuron du théâtre de boulevard, le Vaudeville passe à l'ennemi, devenant le Paramount-Opéra (1927), la plus belle salle de cinéma en Europe.

Les crises à venir seront sans comparaison : télévision, automobile, sport et autres loisirs menacent l'économie du spectacle… Théâtre privé et théâtre public réagissent : solidarité professionnelle, politique de la Ville et de l'État. Il n'y a jamais eu autant de salles qu'à la fin du siècle.

La crise d'auteurs est un concept nouveau, d'ordre esthétique, donc discuté et discutable à l'infini (voir page 172).

Une crise plus profonde, existentielle, touchant à l'essence même du spectacle, se réfère périodiquement à ses origines, temps mythique où le théâtre, gratuit, rassemble tous les publics en un seul grand public, idéalement populaire : le Moyen Âge, la Révolution de 1789. Autre rêve, celui d'un art total qui unirait non plus tous les hommes, mais tous les arts : c'est la tragédie grecque (chantée, dansée, déclamée), ou l'opéra à la démesure des ambitions d'un Wagner. En comparaison de quoi le spectacle contemporain est fatalement « en crise ».

Conclusion en forme de paradoxe, l'histoire donne une leçon d'optimisme. Le spectacle vivant a survécu à toutes les crises depuis cinq siècles. Comme l'a démontré le plus connu des économistes de la culture :

> *In the performing arts, the crisis is apparently a way of life.*
> William Baumol

En trois titres, Pagnol a quand même accompli une petite révolution théâtrale. Il a rendu populaire le boulevard, si souvent accusé d'être bourgeois. Il l'a sorti de son salon parisien, pour lui faire prendre l'air, le soleil, le vent du large. Il a créé une saga familiale avec des personnages « à suivre », et fait vibrer la corde sensible, comme dans les feuilletons. Il a exploité la couleur locale, faisant aimer de Paris, de la France et d'un public international MARIUS, FANNY, CÉSAR – et Marseille avec son port. Voilà pour la première fois une ville au centre d'une action au théâtre. Pourquoi n'a-t-il pas fait école ?

Jean Anouilh (1910-1987), une œuvre du rose au noir, hors les sentiers battus du boulevard

Pendant trente ans, l'auteur le plus représentatif et le plus apprécié de la bourgeoisie d'après-guerre, cette classe dont il est témoin, juge et partie.

Anouilh, outre une vingtaine de scénarios et dialogues de film, écrit une quarantaine de pièces, qu'il classe en roses, baroques, brillantes, grinçantes, secrètes, noires – selon le ton. Le pessimisme se fait sombre, voire désespéré, pour dire l'impossibilité de l'amour absolu, le mensonge inhérent à toute vie sociale.

> *Le théâtre, c'est d'abord et avant tout les personnages.*
> Jean Anouilh

L'auteur a sa galerie de portraits types : la jeune fille (pure, éprise d'absolu), le jeune homme (épris de pureté, mais moins courageux), le héros (solitaire), la mère (monstrueuse, indigne, ou simplement pitoyable, refusant de vieillir), le père (lâche, grotesque), la vieille originale (duchesse ou actrice, autoritaire et distraite), le salaud (laid, avare, envieux, éventuellement critique dramatique ou médecin), les enfants (tous des petits monstres), le parasite (raté, aigri, agressif). Et il met son petit monde en action, brodant des variations sur quelques thèmes.

Pour s'échapper du milieu bourgeois, il recourt aux personnages historiques (BECKET OU L'HONNEUR DE DIEU, L'ALOUETTE – sa Jeanne d'Arc), mythiques (ANTIGONE, MÉDÉE). Autre procédé, la réécriture de classiques, Molière en tête : ORNIFLE, c'est DOM JUAN, LE NOMBRIL, c'est LE MALADE IMAGINAIRE, COLOMBE rappelle LE MISANTHROPE. LA RÉPÉTITION OU L'AMOUR PUNI est une référence à Marivaux, CHERS ZOISEAUX, c'est Aristophane.

Beaucoup d'auteurs ont joué à ces jeux, mais la forme est rarement aussi brillante, le dialogue aussi vif, la pièce aussi « bien faite », l'efficacité scénique éblouissante. Les plus grands acteurs sur le boulevard ont créé Anouilh : Bernard Blier, Michel Bouquet, Suzanne Flon... Et Ludmilla Pitoëff, ses premières pièces : LE VOYAGEUR SANS

BAGAGE, LA SAUVAGE, montées avant la guerre aux Mathurins par Georges Pitoëff. N'en déplaise à certaine critique, Anouilh n'est pas si « bourgeois », ni si conformiste.

Il le prouve après la guerre, quand surgiront sur de petites scènes, à mille lieues du boulevard, deux auteurs totalement anti-conformistes : Ionesco et Beckett. C'est Anouilh qui alerte la critique sur l'importance du Nouveau Théâtre.

Eugène Ionesco (1909-1994), un théâtre totalement nouveau, si vite devenu classique

En quelques années et quelques pièces, quelques auteurs révolutionnent le microcosme du théâtre parisien, avant d'accéder à la notoriété internationale. À commencer par Ionesco, le plus joué et toujours considéré comme le chef de file du théâtre (dit) de l'absurde.

Né en Roumanie, élevé en France (fasciné par le Guignol du Luxembourg), adolescent mal dans sa peau et de surcroît déraciné, il suit son père (divorcé de sa mère française), apprend le roumain à Bucarest. Il y enseigne le français. De retour en France, il s'installe à Paris après la guerre, écrit des poèmes, fait de la critique littéraire (féroce) et travaille dans l'édition. C'est par hasard, comme par jeu, qu'il se met au théâtre.

Comment l'on devient auteur... dans le genre absurde

Eugène Ionesco a maintes fois raconté comment est née l'idée d'écrire sa première pièce. Le déclic lui vient de la méthode Assimil pour apprendre l'anglais : « Le jardin de mon oncle est plus grand que l'écharpe de ma tante. » C'est déjà « du Ionesco ». Encore faut-il en faire une pièce...

Il décide d'écrire une série de dialogues sans suite, mettant en scène des Anglais et intitulée : L'ANGLAIS SANS PEINE. Ionesco est sûr que cette « antipièce » n'est pas jouable, trop absurde. Oui, mais c'est cela qui plaira... Le titre était trop logique, c'est un lapsus de comédien à une répétition qui donne : LA CANTATRICE CHAUVE. L'une des pièces contemporaines les plus connues dans le monde. Bien joué !

Mais combien d'apprentis multilingues ont-ils lu la célèbre méthode, sans pour autant devenir auteur !?

Même effet et cause assez comparable, quoique plus tragique, pour Samuel Beckett ! C'est moins connu, il en a sans doute moins parlé – il parlait très peu.

Il fut victime, à 21 ans, d'un fait divers qui l'a marqué profondément. Il sort d'un restaurant quartier Montparnasse, la Closerie des Lilas, un inconnu l'agresse – un clochard qui le poignarde. Il est gravement blessé, hospitalisé. Une fois guéri, il rencontre l'homme que la police a arrêté. Il lui demande la raison de son acte et l'autre répond : « Je ne sais pas, Monsieur ». Il n'y a pas d'autre réponse. Le théâtre de l'absurde est dans ce quotidien…

Mais Beckett avait quand même beaucoup lu Kafka, maître de l'absurde « kafkaïen » : qui a un caractère étrange, oppressant et absurde, selon la définition du dictionnaire.

Hasard de la vie, destin d'une œuvre, chaque vocation d'auteur a sa logique propre.

Première pièce : LA CANTATRICE CHAUVE (1950). Pas de cantatrice dans l'histoire, ni même d'histoire… Deux couples de petits bourgeois londoniens passent une soirée troublée par la venue du capitaine des pompiers et par la bonne. Une situation de boulevard… qui en devient la parodie absolue : l'action n'avance pas, les personnages n'ont pas de psychologie, le langage ne sert pas à communiquer. Et c'est pourtant du théâtre. Qui plus est, comique : jeu avec le langage (répétitions, contradictions, mots déformés, proverbes et calembours enchaînés), décalage entre la situation première, si banale, et la situation seconde qui devient surréelle et l'emporte.

Le métier proprement dit s'impose au fil des pièces suivantes.

Ionesco perfectionne le système : LA LEÇON où le langage donne le pouvoir au maître sadique sur l'élève ; LES CHAISES, « farce tragique » où apparaît la prolifération cauchemardesque des objets ; de même dans AMÉDÉE OU COMMENT S'EN DÉBARRASSER ? avec le cadavre envahissant.

L'auteur aborde ensuite un registre plus conforme aux règles du théâtre. Il crée un héros (souvent nommé Bérenger) auquel le spectateur peut s'identifier : humain et souffrant, mythique et quasi romantique. Il y a une action, une division en actes. Et surtout un engagement humaniste : l'homme en lutte contre un discours politique, une idéologie totalitaire. Voir TUEUR SANS GAGES et LE ROI SE MEURT, LE PIÉTON DE L'AIR – avec le thème obsessionnel du vol dans l'espace.

Jean-Louis Barrault consacre Ionesco à l'Odéon-Théâtre de France : RHINOCÉROS en 1960 ; et Robert Hirsch à la Comédie-Française joue LA SOIF ET LA FAIM. Ultime consécration, l'Académie française.

Ionesco fait ses adieux au théâtre : VOYAGE CHEZ LES MORTS (1980), dernier message d'amour et d'espoir, malgré l'angoisse et les peurs du personnage. Le JOURNAL EN MIETTES donne, en deux tomes, la clé de son univers intime, aux obsessions devenues littéralement maladives – ennui, enlisement, mort.

Sur ces thèmes éternels, le génie de l'auteur est d'avoir trouvé une forme totalement nouvelle, avec une efficacité scénique qui fait de lui un « classique ». Ainsi, ce « théâtre impopulaire » est devenu populaire et grand public.

Samuel Beckett (1906-1989), autre révolution de l'écriture, triomphe de l'épure

Né en Irlande, protestant nourri de la Bible, brillant élève, bilingue, docteur ès lettres, sportif, il voyage à travers le monde, rencontre à Paris le grand romancier irlandais Joyce, devient son traducteur et son ami. Il écrit des poèmes, des romans – MURPHY, MOLLOY, MALONE MEURT, L'INNOMMABLE où les thèmes de l'échec, de la folie et de la fin de tout sont déjà présents. Il donne également des « textes courts » ne relevant d'aucun genre, la littérature étant le lieu idéal d'une liberté absolue.

Un fait divers l'a marqué, certes… (voir page 69). Mais Beckett était déjà Beckett et porteur d'une œuvre tellement personnelle que le fait semble moins fondateur que prétexte aux textes à venir !

Auteur discret, fuyant les médias, il explose dès sa première pièce, EN ATTENDANT GODOT (1953). Manuscrit refusé par tous les directeurs, finalement monté par Roger Blin dans une de ces « pissotières du Quartier latin » – mot de Camus pour désigner les petits lieux qui imposent tant bien que mal le nouveau théâtre. Scandale, cette fois absolument non prémédité par un plan de carrière ! Peu de spectateurs et de critiques pour apprécier la pièce. Mais Jean Anouilh soutient Beckett : « Godot ou le sketch des Pensées de Pascal traité par les Fratellini. »

La situation est simple : deux vagabonds, Vladimir et Estragon, dissertent de tout et de rien, en attendant un mystérieux Godot (God, Gott, Dieu, un « employeur » ?). Passe un autre couple, Pozzo et son valet-esclave Lucky.

La mise en scène (dictée par de longues didascalies de l'auteur) évoque des clowns, et du tragique naît une série d'effets comiques, d'où le qualificatif de « farce métaphysique » appliqué à la pièce. Comme chez Ionesco, le miracle est qu'on rit : « Rien n'est plus drôle que le malheur », dit Beckett. Sinistre bouffonnerie de la vie au centre de son œuvre, avec l'angoisse, l'incommunicabilité – le grand mot dont on a usé et abusé est ici parfaitement en situation !

Au fil des pièces, l'espace se rétrécit, les personnages perdent leur autonomie, la situation se simplifie à l'extrême. FIN DE PARTIE se joue dans un lieu clos et vide, mal éclairé par un vasistas, avec quatre personnages : deux enfermés chacun dans une poubelle, un aveugle paralysé sur sa chaise et le dernier traînant la patte pour servir les autres. LA DERNIÈRE BANDE est un monologue pour homme seul et magnétophone. OH ! LES BEAUX JOURS (1963) est le mot de la fin, dans une agonie de femme qui s'enfonce dans la terre et s'accroche à de pitoyables joies – magnifique création de Madeleine Renaud, à l'Odéon-Théâtre de France.

COMÉDIE ne donne plus à voir que trois têtes anonymes émergeant de leur jarre et soliloquant. Puis une voix sortie d'une énorme bouche occupe la scène : PAS MOI. On aboutit à la « virgule dramatique », SOUFFLE, et au « dramaticule », SOLO.

Ces pièces ne sont pas toutes jouées, pas jouables au théâtre. Reste la radio pour l'étude sur la voix, et la caméra pour le gros plan, l'arrêt sur une image. Ainsi Beckett suit le chemin inverse de Ionesco : il radicalise sa recherche.

L'auteur fait souvent sa mise en scène, en France et à l'étranger, pour préserver l'économie des gestes, le symbolisme de la lumière (voir page 159). Il veille sur cette « physique de la scène », abandonnant à des exégètes fort éloquents le discours métaphysique : « Le mot-clé de mes pièces est peut-être », dit-il. Dont acte ! Ajoutons absurde (terme rejeté par l'auteur) et anti-théâtre (expérimental). C'est cependant du théâtre, et GODOT reste un chef-d'œuvre au répertoire mondial. En 1969, le prix Nobel de Littérature sanctionne l'œuvre capitale, exigeante et originale de Beckett.

« *En attendant Godot* », P. Latour et J.-M. Serreau.

Jean Genet (1910-1986), marginalité reconnue, voire récupérée

Authentique « mauvais garçon », comme Villon au Moyen Âge. Abandonné par sa mère, enfant de l'Assistance publique, accusé de vol à 10 ans (ce qui le marque à jamais), légionnaire et déserteur, prostitué, voleur, homosexuel…

En prison, il écrit. Il dit tout de lui, dans le JOURNAL DU VOLEUR, mais c'est le théâtre qui image le mieux ses obsessions : entre l'échec des BONNES (1947) et le scandale des PARAVENTS (1966), à l'Odéon-Théâtre de France. Entre temps, le nouveau langage théâtral (Beckett, Ionesco) est né, le public s'est formé, tandis que Sartre contribue à la gloire de Genet, en écrivant SAINT GENET COMÉDIEN ET MARTYR. Le marginal refusant le monde qui l'avait rejeté devient un auteur reconnu, dans une histoire du théâtre qui s'écrit aussi dans les marges.

Genet le provocateur érige le mal en critère éthique et esthétique : « Mal, merveilleux mal, toi qui nous reste quand tout a foutu le camp ». Ses héros appartiennent au « monde délicat de la réprobation » et goûtent aux « fastes de l'abjection ». Il est lui-même « happé par le vertige du néant qui se donne pour de l'être » (Sartre). Et fasciné par la mort, omniprésente dans son œuvre. Mais le cérémonial sur scène, messe noire, profanation ou magie, n'est qu'une mascarade. Tout est artifice, maquillage, illusion. Les personnages sont des métaphores, le meurtre est sans victime, le massacre est lyrique. « Du sang, du sperme et des larmes », c'est du théâtre, et Genet le rappelle sans cesse.

LES NÈGRES (sous-titre : clownerie) est une pièce de blancs écrite pour les blancs, où des noirs jouent à être les juges blancs d'un noir assassin d'une femme blanche. Il ne faut pas y voir – comme on l'a fait – un plaidoyer contre le racisme. Pas plus que LES BONNES n'évoquent le sort des domestiques, HAUTE SURVEILLANCE, celui des prisonniers de droit commun. LE BALCON n'est pas un propos sur les prostitués et la lutte des classes, ni LES PARAVENTS sur les Arabes et le colonialisme.

Genet, en comédien, sinon en martyr, se projette en ses personnages et sur scène – « ce lieu voisin de la mort où toutes les libertés sont possibles. » Images survoltées, prose somptueuse : Ma victoire est verbale, dit-il. Un théâtre qui dérange, en tout cas un auteur : « excrémentiel » pour Mauriac, « moraliste » pour Sartre.

Ariane Mnouchkine (1939-), l'aventure originale de la création collective

Au siècle des animateurs, une animatrice ! Fille d'un grand producteur de cinéma (les Films Ariane), elle étudie à la Sorbonne, voyage en Orient et en Amérique latine, entre « en théâtre » comme on entre en religion à 20 ans, monte une troupe universitaire avec Philippe Léotard, et crée avec lui le Théâtre du Soleil (1964) : coopérative de production regroupant une cinquantaine de comédiens, techniciens, administratifs... qui touchent chacun le même salaire (minimum).

Quelques succès – LA CUISINE, LES CLOWNS – et en 1970, un triomphe pour la troupe : 1789. C'est en même temps la révélation d'un site, à la fois « in » et « off » Paris, la Cartoucherie de Vincennes. Et l'exemple rare d'une création collective parfaitement orchestrée : sur le bon thème, dans le bon lieu, avec utilisation systématique de la musique et des décors. Les spectateurs se mêlent aux acteurs et à l'action théâtrale de la Révolution, ils participent à l'Histoire, la fête populaire. Cela rappelle les bateleurs et les spectacles de la foire (voir page 26). L'esprit de mai 68 revit chaque soir à la Cartoucherie où Ariane Mnouchkine se veut toujours présente, au début et en fin de spectacle.

Le miracle se reproduit (presque), avec le second volet, 1793, qui approfondit la pensée politique quant aux suites de la Révolution. L'ÂGE D'OR (1975) est encore un scénario collectif (non publié) évoquant l'actualité, avec des techniques d'improvisation empruntées à la *commedia dell'arte* et au conte oriental.

Mais la crise éclate dans l'équipe, s'aggrave après le tournage du film MOLIÈRE. Philippe Caubère, devenu la vedette de ce théâtre sans vedette et qui joue le rôle-titre, rompt avec le Théâtre du Soleil – il consacrera sa vie d'artiste à conter, improvisant, seul en scène, son âge d'or avec Ariane.

Elle continue d'animer son Théâtre du Soleil, mais revient au texte. Elle guide le travail d'écriture d'Hélène Cixous (essayiste, philosophe, féministe) : pour les acteurs de la troupe, sur les grandes tragédies du monde contemporain.

Elle s'attaque à un cycle Shakespeare, retraduit et porté en scène en s'inspirant du *kabuki* japonais, puis au cycle antique des Atrides, intégrant à nouveau des techniques traditionnelles orientales. Beaux spectacles, où l'esthétique prime sur la politique. Elle y revient avec deux longs spectacles, en 2 parties. LE DERNIER CARAVANSÉRAIL (ODYSSÉES), c'est la vie quotidienne des réfugiés clandestins, entre Afghanistan et Sangatte (nord de la France), qui tentent d'entrer en Angleterre pour accéder à une autre vie. Et LES ÉPHÉMÈRES, après accumulation de tout un matériau pris sur le vif en France : « Les comédiens et moi-même nous sommes retrouvés travaillant sur... presque rien. Ce presque rien que nous appelons malheur, bonheur, souvent regrets, parfois heureusement révélations. Nos petites apocalypses. Nos sillages à peine tracés que déjà disparus. Nos traces, aussi invisibles que celle d'un serpent sur le sable... »

Ariane Mnouchkine demeure militante, présente sur les causes qui devraient mobiliser la gauche... Mais l'engagement est dramatiquement passé de mode, à la ville et à la scène. Travail de recherche passionné, parfois passionnant, le Théâtre du Soleil a vraiment vécu son âge d'or, dans l'élan de mai 1968.

Place des femmes au théâtre : une féminisation contrastée

Les femmes sont restées assises à l'intérieur de leurs maisons pendant des millions d'années, si bien qu'à présent les murs mêmes sont imprégnés de leur force créatrice.
Virginia Woolf

Il y a tellement de femmes qui ont été interdites de création, tellement de femmes dont on a limité la création aux enfants et aux tartes au fromage.
Françoise Giroud

Quelqu'un qui écrit est toujours odieux à supporter. De la part d'une femme, c'est encore plus mal supporté par l'entourage. C'est de l'entourage immédiat que les femmes qui écrivent doivent se libérer.
Marguerite Duras

Au-delà des cas d'exception (pionnières toujours citées ou aventures anecdotiques) et en se gardant de tout parti pris (entre féminisme militant et machisme ordinaire), on peut résumer la situation. Absentes durant plus de vingt siècles au théâtre, les femmes ont gagné des emplois et leur part de gloire. Dans certains cas, elles l'ont emporté sur les hommes, dans d'autres, elles restent rares ou en retrait.

Côté interprétation, le retard historique est largement rattrapé.

Des origines à la Renaissance, les rôles féminins sont tenus par des hommes travestis. Dans le théâtre liturgique du Moyen Âge, la parabole des vierges folles et des vierges sages est incarnée par des prêtres ou clercs, souvent barbus. Dans le répertoire élisabéthain, peu de rôles féminins, et que d'ambiguïté : ces femmes, incarnées par des travestis masculins, se travestissent en homme pour séduire hommes et femmes – situation fréquente, chez Shakespeare !

Les premières comédiennes apparaissent dans les troupes italiennes au XVIe siècle – une des raisons de leur succès ! Dans la *commedia dell'arte*, elles seules jouent sans masque – personnages de Colombine et de l'Amoureuse.

À partir des années 1630, la femme joue jeu égal avec l'homme. Le métier d'actrice fut l'un des rares ouverts aux femmes, sous l'Ancien Régime. Des jeunes filles de bonne famille en profitent pour s'émanciper. Plus nombreuses, enfants de la balle et filles de la misère y voient la seule chance d'ascension sociale, et d'une vie plus gaie. Il y a toujours plus de rôles masculins que féminins au répertoire – faute d'auteur femme ? La composition des troupes reflète cette inégalité : en moyenne 3 femmes pour 7 hommes, jusqu'à la Révolution.

Les actrices du XXe siècle, statistiquement majoritaires, déplorent toujours un nombre inférieur de rôles dans les distributions, donc un chômage plus élevé.

Les métiers de direction s'ouvrent inégalement aux femmes.

Quelques chefs de troupe de campagne, dès l'origine, mais c'est souvent une épouse avec son mari, ou une veuve, en tout cas une femme au sein d'une petite entreprise familiale qui forme les enfants sur le terrain.

La direction « en couple » d'une troupe, d'une compagnie, d'une salle est un cas de plus en plus fréquent : les Favart au XVIIIe siècle, Harel et Mlle George au XIXe, puis les Pitoëff, les Renaud-Barrault, les Valère-Desailly en divers lieux, Yvonne Printemps et Pierre Fresnay (Michodière), les Bierry-Delmas (Poche). Longue liste qui prouve les vertus de l'équipe à responsabilités partagées, avec une solidarité personnelle autant que professionnelle.

Quelques stars veulent leur salle, pour être libres de jouer « chez soi ». Sarah Bernhardt et Réjane, les deux reines de Paris à la fin du XIXe siècle, ont leur théâtre éponyme, et y perdent beaucoup d'argent. De nombreuses actrices deviendront directrices, au XXe siècle : Marguerite Jamois (Montparnasse), Marie Bell (Gymnase), Vera Korène (Renaissance) ou encore Simone Berriau (Théâtre Antoine), parmi celles qui ont le plus marqué. Toujours dans le secteur privé du théâtre parisien. Le secteur public, le plus créateur de salles et d'emplois en France, reste aux mains des hommes, à 99 %.

Le metteur en scène a révolutionné la scène contemporaine, depuis un siècle. Les femmes sont là encore en minorité. On peut comparer avec la direction d'orchestre, en musique. Le métier de chorégraphe et chef de compagnie se féminise davantage, lentement, mais sûrement.

Ariane Mnouchkine, à la tête du Théâtre du Soleil, est une exception à la règle, qu'il faut toujours citer.

Reste la création au féminin – point faible, et plus sensible que d'autres.

On tarde à trouver ce cumul auteur-acteur, si naturel au théâtre, source de l'essentiel du répertoire, dont quelques chefs-d'œuvre. Il y a par ailleurs un préjugé tenace contre la femme auteur. Desmarets de Saint-Sorlin, dans LES VISIONNAIRES (1637), donne à voir le comble de l'extravagance féminine : vouloir écrire des comédies, au même titre que se croire aimée de tous.

Jusqu'à l'époque contemporaine, on traque « la » femme, de siècle en siècle. On trouve Marguerite de Navarre, à la Renaissance : sœur de François Ier, femme de lettres, elle a écrit une moralité, LES CONSEILS INUTILES, jouée à Paris par les clercs de la Basoche. Marguerite reste surtout dans cette histoire comme mécène – rôle fort bien tenu par les femmes qui en ont les moyens, fortune ou pouvoir.

Mme Favart est une vraie professionnelle, chanteuse et comédienne vedette, qui écrit des livrets d'opéra-comique, plus nombreux que ceux qu'elle signe – son plus grand succès, LES AMOURS DE BASTIEN ET BASTIENNE (1753).

Olympe de Gouges, féministe révolutionnaire, Louise Michel, anarchiste communarde, deux militantes historiques qui ont payé cher pour leur idéal. Mais ni L'ESCLAVAGE DES NOIRS (1789) de l'une, ni NADINE (1882) de l'autre ne font date dans le répertoire dramatique. Le talent de Mme de Genlis, gouvernante des enfants royaux et femme de lettres, est reconnu dans les théâtres de société (amateurs), à la fin de l'Ancien Régime : son THÉÂTRE D'ÉDUCATION a valeur pédagogique, dans l'esprit de Rousseau qu'elle a beaucoup lu. Peut-être la Révolution l'a-t-elle empêchée de faire carrière.

Première vraie professionnelle, sous un pseudo masculin, George Sand : la « bûcheronne des lettres » adapte vaillamment ses romans pour la scène, comme la plupart des romanciers du XIXe. Son théâtre lui rapporte des droits d'auteur importants, et sera encore très joué par les amateurs, au siècle suivant.

Au XXe siècle, les femmes auteurs trouvent partout leur place, y compris au théâtre. Colette est une pionnière : elle adapte ses romans, devient critique dramatique, aime autant le spectacle que le scandale, et s'offre aux regards en pantomime artistique – très dévêtue, à la Gaîté-Montparnasse.

Revanche sur des siècles de silence, voici le succès sur le boulevard : Françoise Sagan, Françoise Dorin, Pierrette Bruno, Maria Pacôme ou encore Agnès Jaoui en couple avec Roland Bacri. Et dans un répertoire plus intellectuel : Marguerite Duras, Nathalie Sarraute, Andrée Chedid, Loleh

Bellon, Simone Benmussa, Coline Serreau et Yasmina Reza. Plus de la moitié d'entre elles sont également actrices.

Très peu d'auteurs-compositeurs dans le lyrique et l'opérette : les créations se font rares, quand les femmes se mettent à écrire. L'exception : Marguerite Monnot compose IRMA LA DOUCE, comédie musicale à la française pour Colette Renard.

Mais dans aucun genre, on ne trouve l'équivalent de Molière, Marivaux, Hugo, Claudel, Bizet, Offenbach.

Bernard-Marie Koltès (1948-1989), la Rencontre avec Chéreau et le mal de vivre incarné

Fils de famille bourgeoise à Metz (père officier), élève au collège de Jésuites, il s'initie à la musique de Bach et à l'orgue. Et s'ennuie... Il commence à voyager. « La vie m'a sauté à la gueule », dit-il en découvrant l'Amérique.

La vocation du théâtre lui vient au même âge, 20 ans, en voyant Maria Casarès dans MÉDÉE (de Sénèque). Il veut être comédien, entre à l'école du TNS (Théâtre national de Strasbourg), se lance dans la mise en scène, puis l'écriture. En 1970, il monte sa troupe, le Théâtre du Quai, et ses premières pièces.

Il continue de voyager : Amérique latine, Afrique, Union soviétique – et il entre au Parti communiste à son retour. Avant de se désengager.

Il commence un roman – LA FUITE À CHEVAL TRÈS LOIN DANS LA VILLE. Une manière de dire sa fuite dans la drogue. Tentative de suicide, encore la drogue, désintoxication. Et à nouveau les voyages. Il s'installe à Paris et renie ce qu'il a écrit : « Les anciennes pièces, je ne les aime plus. Je n'ai plus envie de les voir monter. »

Seconde rencontre capitale, à 30 ans : Patrice Chéreau. Koltès a tant aimé sa mise en scène de LA DISPUTE (Marivaux) ! Il lui confie ses textes. Chéreau, nouveau directeur des Amandiers à Nanterre, a trouvé son auteur. Il monte COMBAT DE NÈGRES ET DE CHIENS (1983) avec Michel Piccoli et Philippe Léotard, enchaîne avec QUAI OUEST, DANS LA SOLITUDE DES CHAMPS DE COTON, et LE RETOUR

AU DÉSERT, au Théâtre du Rond-Point. Dernière pièce, ROBERTO ZUCCO : « C'est une histoire sublime. Et c'est un tueur. Quand on me dira que je fais l'Éloge du meurtrier, ou des choses comme ça… Parce qu'on va me le dire ! Moi je dis que c'est un tueur… exemplaire ! » Création posthume, à Berlin, scandale et interdiction à Chambéry (ville natale du policier tué par le vrai Roberto Zucco, en 1987).

Malade, il voyage toujours, rentre du Mexique et meurt du sida, à 41 ans.

Dans la forme, Koltès garde des racines classiques : Shakespeare (il traduit LE CONTE D'HIVER) et Claudel (même idée de communion avec le spectateur).

Quant au fond, il s'oppose au théâtre de l'absurde qui pose l'idée de l'incommunicabilité. Koltès est en quête permanente de communication. Mais une demande si ardente ne peut qu'aboutir au constat de l'incommunicabilité !

Ses pièces, en prise avec la réalité, voire le fait divers, disent la tragédie de l'être solitaire et de la mort. Thème éternel, renouvelé par son talent. Il a lu Genet, il y a du Genet dans son théâtre, et sa vie, sa révolte, sa marginalité ressentie.

Une des clés : le mal-être de l'homosexuel dans un monde hétérosexuel. Il transpose ce mal-être : en Afrique, c'est la culture africaine écrasée par les Européens – thème du COMBAT DE NÈGRES ET DE CHIENS. En Amérique, QUAI OUEST, c'est un frère et une sœur dans une culture étrangère. Mais Koltès se sent tout aussi étranger à la culture et au théâtre de son temps. LE DERNIER DRAGON, film de kung-fu, est sorti dans l'indifférence, à Paris. Écœuré, il proclame la supériorité des films de kung-fu : ils parlent le mieux d'amour, tandis que les films d'amour parlent « connement de l'amour, mais en plus, ne parlent pas du tout de kung-fu. »

Par sa vie, son œuvre et un certain romantisme, Koltès est « l'enfant fin de siècle » et l'un de nos dramaturges contemporains les plus joués au monde. Il entre au répertoire de la Comédie-Française en 2007, mais un conflit de droit d'auteur oppose les héritiers (son frère) au metteur en scène, Muriel Mayette. Et les représentations sont annulées. Le théâtre est absurde à l'image de la vie.

Jérôme Savary (1942-), homme de théâtre, chef de troupe, adaptateur et auteur

Dans un style opposé à Koltès, c'est aussi un pur produit de son époque, avec une vocation théâtrale qui donne sens à sa vie.

Né en Argentine, étudiant aux Arts Déco à Paris (et surtout fan de la fanfare de l'école), fréquentant le monde du jazz à New York, influencé autant par le Living Theatre que par le festival rock de Woodstock, par la comédie musicale HAIR ou le music-hall parisien, c'est un fou de spectacle, au carrefour des cultures du monde et de tous les métissages. Il rencontrera aussi Molière et Trenet – et Offenbach, le grand amuseur du Second Empire. Et il va pousser le mélange des genres à un point inimaginable avant lui.

Après mai 68, il crée sa compagnie à New York, « le Grand Panic Circus », devenu à Paris « le Grand Magic Circus et ses animaux tristes » : spectacle de rue mêlant le mime et le cirque, l'impro et la provoc avec parade, acrobates et cracheurs de feu. Un public de fans se forme, jeune et populaire. ZARTAN, FRÈRE MAL AIMÉ DE TARZAN (1971), gros succès au Théâtre de la Cité universitaire, est suivi d'autres détournements de mythe ou légende : DE MOÏSE À MAO, NINA STROMBOLI, LES DERNIERS JOURS DE SOLITUDE DE ROBINSON CRUSOË, GOOD BYE MR. FREUD, MÉLODIES DU MALHEUR. En passant, un message militant – CENDRILLON ET LA LUTTE DES CLASSES.

Ces créations collectives inventent un langage poétique, les images se succèdent en un montage absurde, surréaliste, dans une apparente anarchie, mais sur un tempo musical précis. Et c'est la fête ! Les spectateurs se mêlent aux acteurs et envahissent la scène, quand Savary quitte la rue pour se produire dans des salles. La belle entreprise fait quand même faillite.

Savary monte son premier classique, LE BOURGEOIS GENTILHOMME (1981). La critique applaudit. La gauche arrivée au pouvoir l'invite dans le secteur subventionné – qu'il a si fort critiqué. D'abord en province, puis à la direction du Théâtre national de Chaillot en 1988 : le public populaire revient, pour s'amuser au spectacle. Savary est ensuite nommé à l'Opéra-Comique en 2000, avec mission de ressusciter la Salle Favart. Jacques Offenbach, revu et corrigé (adapté par Savary et parfois plus que nécessaire) y revit, image de marque de la fête impériale et parisienne, remise en piste au XXIe siècle.

Savary a appris son métier de chef d'entreprise et parcouru le monde pour monter théâtre et opéra, revues et comédies musicales. Beaucoup de strass et de paillettes, du spectacle plein les yeux, une fête un peu forcée... La volonté de plaire est la règle au théâtre, Molière l'a dit, et les plus grands s'y sont soumis. Savary ne restera pas comme auteur, mais il incarne cette race d'hommes de théâtre complet « à la Molière ».

Sans plus de lieu ni de troupe, il est peut-être le dernier, aujourd'hui. Au-delà d'un cas personnel, voilà une vraie question. Est-ce le passé du théâtre ou son avenir ? La nostalgie d'une grande époque – près de quatre siècles de créations – ou la clé d'un éternel recommencement ?

Spectacle éphémère et vivant, le théâtre de demain est toujours à inventer, à partir des noms d'hier, et des genres qui font le répertoire d'aujourd'hui.

Masques de théâtre.

2

Les genres du répertoire, hier, aujourd'hui et demain

Le classement par genre est commode. Même si la classification est passée de mode, cette notion a la vie dure. Certes, comme en politique, il ne faudrait plus raisonner en termes de gauche ou de droite, l'étiquette a vieilli – pas plus, mais pas moins. Et on l'utilise toujours.

L'exemplarité des genres joue avec la même logique que celle des auteurs passés en revue, la lumière étant ici braquée sur le répertoire. Au terme d'une longue évolution, qu'en reste-t-il aujourd'hui, avec les classiques repris sur nos scènes ou à travers l'écriture contemporaine ?

La mortalité des genres est plus frappante que leur renouvellement. On pourrait arriver à *mil e tre*, comme dans le catalogue de Leporello, dénombrant les conquêtes de son maître (DON GIOVANNI). Oui, plus de 1 000, avec les sous-genres des grands genres, ou les croisements qui se déclinent sur tous les tons, dès qu'une mode paraît : avant ou après-guerre, l'adjectif militaire se marie soudain avec la comédie, le vaudeville, le sketch, le drame, le mélodrame, le mimodrame et la pantomime, l'opérette, etc. Que cela nous semble loin !

Parmi tous les genres disparus, il faut distinguer ceux avec ou sans descendance, et certains après une longue vie, d'autres le temps de quelques saisons. Même éphémère, tel ou tel genre peut laisser un souvenir mémorable, quelques pièces au répertoire, ou un adjectif au dictionnaire.

Genres et salles éphémères : Grand-Guignol et Théâtre en rond

Installé à la place d'une ancienne chapelle de couvent, devenue atelier de peintre pompier, le Grand-Guignol est fondé en 1897 par Oscar Méténier, ex-auteur du Théâtre-Libre d'Antoine et ex-secrétaire d'un commissaire de police. D'où son expérience de l'écriture et des bas-fonds. L'enseigne évoque le Guignol lyonnais, souvent censuré, toujours renaissant. Le sien sera Grand, encore plus insolent. Dans une petite salle de 265 places.

Max Maurey prend la direction : auteur, il se révèle surtout chef d'entreprise et décide d'alterner le rire et l'épouvante. Selon le principe du sucré-salé ou du chaud et froid, le spectacle-maison offre un menu original, moitié farces, moitié drames (souvent en un acte).

Auteur-maison le plus fécond, le comte André de Lorde : 150 pièces à l'actif du « maître de la terreur ». Il adapte des nouvelles d'un génie du genre – Edgar Poe. D'autres bonnes plumes fournissent à la demande : Octave Mirbeau, Gaston Leroux, Henri-René Lenormand.

Titres évocateurs : LA FOLIE BLANCHE, LA GRANDE MORT, L'HOMME QUI A VU LE DIABLE, LA DERNIÈRE TORTURE, UNE LEÇON À LA SALPÊTRIÈRE… Ressorts récurrents : folie, alcoolisme, misère, luxure, magie noire, supplices chinois, crimes sanglants de la révolution russe. On vitriole à tout va, l'hémoglobine coule à flots, les acteurs poussent des cris fatalement déments.

Pour le rire, autres noms : le plus connu, Courteline, le plus inattendu, Paul Géraldy, le poète.

Dans la troupe, on trouve « la gueule de l'emploi », le physique aguichant. Recettes record – pour la jauge : 200 000 francs.

Un déclin s'amorce après la guerre de 1914-1918. Les horreurs du réel ont dépassé l'imaginaire des auteurs. Et dans le genre épouvante, le cinéma frappe plus fort : LE CABINET DU DOCTEUR CALIGARI, adapté pour le Grand-Guignol, déçoit. La salle fait cependant partie de la « tournée des Grands ducs », aux habitués célèbres, la reine de Roumanie, l'acteur Éric von Stroheim. Les titres se suivent et se ressemblent : LE LABORATOIRE DES HALLUCINATIONS, LE CHÂTEAU DE LA MORT LENTE, LE MASQUE DE LA BÊTE, UNE NUIT AU BOUGE, LA NUIT TRAGIQUE DE RASPOUTINE, LE MARQUIS DE SADE… En alternance avec NOUNOUCHE, LA FIFILLE À SA MÈRE, L'ÂGE D'OR.

La Seconde Guerre ferme la salle, les fils Maurey (Denis et Marcel) reprennent l'affaire. De nouveaux auteurs écrivent sur mesure : Frédéric Dard, André Roussin (chacun dans son genre). De bons metteurs en scène s'y intéressent, des comédiens plus tard vedettes y ont débuté. Rien n'y fait, la mode est passée, le théâtre doit fermer (1962).

Pas loin de là, place Clichy, à l'Européen, le Grand-Guignol revient (1974) : LE DOCTEUR GUILLOTIN, LE BAL DES FOUS, LES BOUCHERS DE WHITE CHAPEL... Sans succès.

Le dictionnaire immortalise le genre : « grand-guignolesque, qui rappelle le Grand-Guignol, par son horreur excessive et invraisemblable. »

Autre genre, autre petit lieu à la vie brève : le Théâtre en rond.

La salle prend la place d'un dancing, quartier Pigalle. Ses 305 places entourent une piste-scène ronde, sans toile de fond ni rideau, de plain-pied avec le premier rang de spectateurs.

Le pari scénographique interdit tout décor et (gros) accessoires, mais la mode se répand : une cinquantaine de grandes universités américaines ont leur théâtre en rond.

Le public vient en curieux. Encore faut-il un répertoire : Oscar Wilde, Pirandello, Ugo Betti, Steinbeck, Sartre (HUIS CLOS) se prêtent plus ou moins bien aux contraintes du lieu.

1957, OURAGAN SUR LE CAINE, d'Herman Wock, adaptation de José-André Lacour, donne à voir le procès d'un équipage mutin. Ce fut d'abord un roman américain, puis une pièce, puis un film avec Humphrey Bogart (1954). C'est LE triomphe du Théâtre en rond de Paris.

Le même thème du procès fera le succès de deux autres adaptations : DOUZE HOMMES EN COLÈRE et MARIE-OCTOBRE. Au total, trois pièces faites pour le lieu.

Faute de renouveler son répertoire, le Théâtre en rond perd son public. Le bail n'est pas reconduit. L'enseigne refit une brève apparition à l'Européen – croisant le Grand-Guignol.

Une première sélection dans le répertoire donne un panorama de 100 genres, définis et resitués en quelques lignes. D'où une mini-encyclopédie de quelques pages.

Une seconde sélection passera en revue dix genres survivants et même bien vivants, particulièrement importants en termes de création et/ou de répertoire : leur histoire mérite un article d'une page ou deux. L'absurde, la comédie, le drame, la farce, la tragédie... Certes, ils sont présents partout, sinon tout le temps, dans nos vies. Il est donc normal de les retrouver sur la scène qui en est le reflet plus ou moins fidèle, sensible ou caricatural.

On peut même dire qu'il y a de la farce au cœur du drame, la comédie et la tragédie se côtoient et l'absurde s'invite fatalement ou drôlement, à la scène comme à la ville. Dans nombre de chefs-d'œuvre, le mélange des genres est éclatant, voire explosif. Shakespeare et Hugo, même combat !

Cependant, la notion de genre correspond à une réalité artistique.

D'abord, pour des raisons historiques, dont tout le répertoire est marqué. Les genres ont été codés, la plupart des auteurs ont respecté ces codes. Une minorité les a bousculés, méprisés, malmenés, violés, pour en édicter d'autres et créer de nouveaux genres : Hugo dans la Préface de Cromwell, qui lance délibérément le drame romantique, ou Ionesco, d'un simple sous-titre, anti-théâtre, qui se moque du théâtre bourgeois et invente malgré lui le théâtre de l'absurde…

Plus essentiel, un auteur d'aujourd'hui, comme son confrère d'hier ou de demain, choisit de s'exprimer dans tel ou tel genre, plus ou moins délibérément. Comme un peintre choisit sa palette, l'abstraction ou la figuration et toutes les nuances entre les deux. Aucun sujet n'est original, le nombre de situations dramatiques est limité. Il a été calculé par Goethe, qui est arrivé à 36 (moins que les 64 positions amoureuses du Kamasutra). D'autres auteurs ont voulu enrichir la liste, ils ont obtenu un total inférieur. Bref, tout a déjà été traité. C'est la manière de le traiter qui va faire l'originalité. Le nombre de genres est en cela illimité, avec des nuances à l'infini (et la métaphore amoureuse s'impose aussi).

Dans ce jeu de renouvellement perpétuel, rappelons cette évidence : « Rien ne se perd, rien ne se crée… » et tout se transforme, se recycle, etc. Il y a donc une foule d'informations à glaner ici et là.

Dans ce panorama, le seul classement possible est ici alphabétique.

Abécédaire résumé (100 genres)

Masques de théâtre.

absurde (théâtre de l') : voir page 95.

alternatif (théâtre) : qualifié de tiers théâtre, c'est l'*off* Broadway, fin des années 1950. La formule essaime, en France et partout. Espace de liberté absolue : d'où expérimentation, création collective et impro, provocation politique, fantasmes sexuels et voyeurisme.

anti-comédie (ou **anti-théâtre**) : associé au théâtre de l'absurde, lui-même en négation logique des règles formelles du théâtre.

armées (théâtre aux) : tournées institutionnalisées lors des deux Guerres mondiales du XXe siècle, pour maintenir le moral des troupes avec des représentations données sur le front. Mais cela existait déjà sous Napoléon.

art (théâtre d') : recherche et qualité d'un nouveau répertoire au début du XXe siècle – connotation comparable au cinéma d'art et d'essai.

avant-garde : métaphore militaire pour création en avance sur son temps, ou recherche parfois associée à une théorie (esthétique).

ballet : toujours un argument à écrire, pour ce genre en évolution qui attira de grands noms (voir page 29).

bergerie : histoire d'amour entre bergers et bergères, dénouement heureux, cadre champêtre, pour un public de cour fasciné par la vie pastorale au XVIIe siècle.

boulevard : voir page 96.

cabaret : spectacle renouvelé de siècle en siècle, et lieu souvent enraciné dans tel ou tel quartier (Pigalle, Montmartre, Montparnasse à Paris).

café-chantant : forme de music-hall où l'on peut consommer autre chose que du café.

café-concert : ancêtre du music-hall, avec le très populaire caf-conc' à la fin du XIXe siècle.

café-spectacle : variante du café-concert, en plus « classe ».

café-théâtre : dernier avatar du café-spectacle, né dans les années 1960, en opposition au boulevard traditionnel (voir page 130).

carnaval : animation dans le cadre d'un théâtre de rue, pour distraire le peuple ou servir le prestige d'une ville.

carrousel : spectacle public avec évolution de cavaliers, à la mode au XVIIe siècle.

chansonnier : petit spectacle humoristique, souvent sous forme de sketches liés à l'actualité (politique).

cirque : né à la fin du XVIIIe siècle à Paris, il hérite des saltimbanques de la foire et fournira des numéros au music-hall.

collège (théâtre de) : foyer principal de création dramatique, sous la Renaissance. Les collèges de Jésuites développent durant deux siècles ce théâtre d'éducation, donnant au public (instruit) le goût du bon théâtre. Devenu au XXe siècle le théâtre universitaire.

comedia : tragi-comédie baroque inventée par Lope de Vega (voir page 14) et dont la forme inspire LE CID de Corneille.

comédie : voir page 99.

comédie à vaudevilles : comédie à couplets chantés (voir page 29), ancêtre de l'opéra-comique.

comédie-ballet : comédie où les entractes sont remplacés par des intermèdes dansés, intégrés à l'action.

commedia dell'arte : comédie à personnages masqués, spécialité des Italiens de Paris (et d'ailleurs) qui influence en Europe le jeu de l'acteur et de grands auteurs, tel Molière (voir page 19).

cour (théâtre de) : divertissements produits aux frais de l'État, pour la famille royale et ses invités. Répertoire de ballets, fêtes théâtrales, opéras et autres grands spectacles, signés Molière, Lully et Cie, repris à la ville à moindre coût.

curiosité (théâtre ou cabaret ou spectacle de) : peu de théâtre, mais toutes les autres formes de spectacle vivant – marionnettes, numéros équestres, animaux savants, feux d'artifice, bals, concerts, panorama, diorama, etc.

dancourade : courte comédie qui doit son nom à l'auteur-acteur Dancourt, au début du XVIIIe siècle.

didactique : théâtre théorisé par Brecht, créant la distanciation avec les personnages, pour une prise de conscience politique du spectateur. On parle aussi de théâtre populaire.

drame : voir page 101.

élèves (théâtre d') : petits théâtres pas totalement ouverts au (grand) public, où des élèves comédiens jouent, sous la surveillance des professeurs. Nombreux aux XVIIIe et XIXe siècles.

enfants (théâtre d') : des troupes d'enfants comédiens y jouent à partir de 5/6 ans. La mode fit fureur peu avant la Révolution et continua de faire recette au XIXe siècle, entraînant des abus de tous ordres, d'où fermeture ou reconversion de plusieurs « Gymnases ».

entrée royale : fête organisée par la ville, grand spectacle et rituel pour la venue du roi.

épique : théâtre des origines, à la fois poésie et récit (voir page 8).

érotique : entre polissonnerie et pornographie, sa vogue culmine au XVIIIe siècle. Souvent anonyme, vu les risques (censure, prison). Illustre exception, Sade, le divin marquis.

fabliau : court récit en vers dit par le jongleur, qui fait la satire des faiblesses humaines. Répertoire profane du Moyen Âge, disparu sans descendance.

farce : voir page 104.

féerie : forme de grand spectacle très populaire au XIXe siècle, jouant sur le merveilleux et l'enchantement, avec incursion dans le fantastique.

fête révolutionnaire : très grand spectacle de rue qui rassemble le peuple, dure 4 saisons (1791-94) et culmine à la Fête de la Fédération.

foire : plus qu'un genre, des genres et toute une histoire de « guerre comique » (voir pages 26 et 28).

folie-vaudeville : pièce où l'on chante et où l'on rit, le plus souvent en un acte.

grand spectacle (pièce ou théâtre à) : voir page 107.

Grand-Guignol : un répertoire pour frémir et pour rire, une salle à Paris et un public de fans (voir page 84).

guignol : toujours vivant, toujours vaillant, classé théâtre pour enfants, avec la star des marionnettes (à gaine), créée à Lyon par Laurent Mourguet, soyeux au chômage, reconverti forain.

happening : performance (« représentation ») où l'artiste (peintre ou plasticien) improvise en acteur. À la mode dans les années 1960.

impromptu : petite pièce (en vers) prétendument improvisée.

improvisation : presque toujours préparée sur un canevas (écrit ou pas), et très professionnel dans la *commedia dell'arte*.

intermède : petite œuvre (musicale), donnée en entracte, entre deux parties d'un spectacle.

jeu (par personnage) : texte religieux ou profane, toujours ludique et festif, disparu sans descendance après le XIIIe siècle.

libertin : théâtre érotique ou théâtre des « petites maisons » – lieux privés, fréquentés par la noblesse en mal de débauche, où comédiennes et courtisanes se mêlent à plaisir au XVIIIe siècle.

marionnettes : poupées de bois ou figurines, petites vedettes d'un théâtre populaire à la foire (XVIIIe siècle), puis sur les boulevards (XIXe siècle), aujourd'hui pour enfants et adultes.

mascarade : répertoire profane et populaire, aux personnages masqués, disparu sans descendance après le Moyen Âge.

masse (théâtre de) : théâtre populaire, destiné à un grand public, par opposition au théâtre élitaire ou au théâtre laboratoire. Vitez, directeur du TNP en 1981, lança la devise du « théâtre élitaire pour tous », mais c'est une utopie.

mélodrame : genre très codé, daté du XIXe siècle, détourné et plusieurs fois renouvelé, pour le plaisir d'un grand public (voir page 36).

mime : spectacle où l'artiste s'exprime sans mot dire – mais il y a toujours un argument. Star du genre, Deburau (Baptiste), au XIXe siècle, Marceau, au XXe siècle.

Le mime Deburau en Pierrot, par Nadar.

mimodrame : drame interprété par mime.

miracle : grand spectacle religieux mettant en scène un miracle, au XIVe siècle.

montage-collage : plutôt qu'un genre, un procédé de metteur en scène (également au cinéma) apparu au milieu du XXe siècle, pour donner sens – ou un autre sens – au texte.

moralité : allégorie entre le Bien et le Mal, l'Homme allant vers le salut ou la damnation. Répertoire sacré du Moyen Âge, puis profane, disparu sans descendance.

musical (théâtre) : renaît au XXe siècle et renoue avec la tradition, pour « approfondir la musicalité du temps dramatique, accentuer la théâtralité du jeu musical » (Bosseur). Œuvre de référence, L'OPÉRA DE QUAT'SOUS (Bertolt Brecht et Kurt Weill).

musicale (comédie) : forme moderne de l'opérette – *musical comedy* est encore plus « in ».

music-hall : genre musical et populaire, apparu au XIXe siècle (voir page 112), passé de mode au XXe, relayé par les « variétés ».

mystère : issu du drame liturgique au XVe siècle, illustre la vie d'un saint ou la Passion du Christ (voir page 108), forme la plus spectaculaire du répertoire sacré, disparu sans descendance.

one-man (woman) show : voir page 113.

opéra : théâtre lyrique né italien, genre noble, où toutes les paroles sont chantées.

opéra-bouffe : entre opéra-comique et opérette – même les spécialistes s'y perdent !

opéra-comique : parodie d'opéra née à la foire au XVIIIe siècle (voir page 29), puis genre à part entière et très sérieux au XIXe (voir page 120), avec des dialogues parlés.

Opéra, loge humoristique.

opérette : mélange de comédie et d'airs chantés, populaire au XIXe siècle (voir page 112), aujourd'hui « ringarde », surtout à cause des livrets.

ouvrier (théâtre) : militant et politisé (obédience communiste), mais sans auteur, sans public, il a une vie éphémère dans l'entre-deux-guerres.

paillard : autre qualificatif pour le théâtre érotique qui se renouvelle, et meurt au XXe siècle.

pantomime : spectacle mimé, en vogue jadis auprès d'un public populaire et souvent illettré.

parade : petite scène jouée par les paradeurs (bonimenteurs) devant la salle (foire au XVIIIe ou boulevard au XIXe siècle), comparable à une bande-annonce de film. Autre genre : pièce courte, érotique ou scatologique, spirituelle ou parodique, qui tente les meilleurs auteurs avant la Révolution, tel Beaumarchais.

parodie : caricature d'une œuvre sérieuse dans un style burlesque ou satirique. Du XVIIe au XIXe siècles, tout succès a sa parodie, avec parfois plus de succès que l'original ! Le plus fort est le détournement de l'œuvre (voir page 36).

Passion : mystère donnant à voir la vie, la mort et la résurrection du Christ, méga spectacle religieux, théâtre total, né et mort au Moyen Âge (voir page 108).

pastiche : imitation du style d'un autre auteur, genre dramatique reconnu et jadis très pratiqué, comme en littérature le « à la manière de ».

pastorale : pièce dont les personnages conventionnels sont des bergers s'exprimant de manière raffinée et courtoise, en vogue au XVIIe siècle.

pastourelle : chanson à personnages où une bergère rencontre souvent un Chevalier, très en vogue au XIIIe siècle.

performance : né dans les années 1960, c'est un spectacle unique, en forme de *happening* artistique, pouvant combiner théâtre, danse et vidéo, avec un public, une action, et une part d'improvisation.

pièce à machines : pièce à grand spectacle au XVIIe siècle, les machines pouvant même se passer de pièce pour faire spectacle ! (voir page 110).

pièce en un acte : forme courte, l'essentiel du répertoire pour de rares auteurs (Courteline), galop d'essai pour d'autres, genre à part entière pour la plupart – équivalent de la nouvelle par rapport au roman.

poissard (genre ou théâtre) : comédie utilisant au XVIIIe siècle le langage des dames de la halle, type Madame Angot.

politique (théâtre) : apparu au XIXe siècle, proche du socialisme et des (nouveaux) intellectuels, parfois assimilé au théâtre à thèse, aujourd'hui en déclin avec la dépolitisation de la société.

populaire (théâtre) : au XXe siècle, le terme a pris deux sens. Le théâtre-service public, destiné à toutes les catégories sociales – le TNP sous le signe de Vilar ; et un théâtre militant à la Brecht, moyen de lutte politique et sociale, au service du peuple (ouvriers et paysans).

prologue : précédait et souvent présentait une pièce. Dernier en date (célèbre) : Prologue d'ANTIGONE, écrit par Anouilh. Le genre se pratique encore en littérature.

proverbe (dramatique) : courte pièce « bien faite » illustrant un proverbe et dont Musset tire le meilleur parti, au XIXe siècle.

religieux : « Le théâtre est né de l'Église et elle ne lui a jamais pardonné ». Sacha Guitry, d'une phrase, résume dix siècles d'histoire.

Les premières pièces du Moyen Âge sont données au chœur des églises, lieu adapté au répertoire sacré.

revue : à grand spectacle, le genre relève du music-hall (voir page 112) ; comique, il renvoie aux chansonniers (voir page 28).

romantique (drame ou théâtre) : une brève génération au XIXe siècle en France, en rupture avec le théâtre classique et néoclassique (voir pages 39, 41 et 42).

rond (théâtre en) : un lieu, un répertoire, une existence éphémère (voir page 85).

rue (théâtre de) : se donne à voir depuis toujours en plein air, dans un lieu public. Rajeuni par Savary à la fin des années 1960 (voir page 80), il connaît un vrai renouveau avec structures, festivals. Mais il est condamné à être gratuit, subventionné ou amateur.

saynète : sketch, pour simplifier.

sketch : voir page 115.

société (théâtre de) : théâtre amateur, sous le patronage de grands bourgeois, financiers ou commerçants, aux XVIIe et XVIIIe siècles. On se donne la comédie entre amis, dans des salles parfois vastes et somptueuses. Appelé aussi théâtre de salon.

sot(t)ie : farce satirique et allégorique, montrant le peuple sot ou fol (fou), dont les personnages évoquent pour le public du Moyen Âge tel ou tel grand de ce monde – y compris le roi ou le pape. Ce répertoire profane a disparu.

thèse (théâtre à) : plus moral que didactique ou politique, né au XIXe siècle pour soulever, traiter, voire résoudre les problèmes sociaux du temps (peine de mort, droits de la femme, corruption politique…).

total (art, spectacle, théâtre) : utopie créatrice ou mégalomanie ruineuse, thème récurrent, rêve de grands hommes de théâtre, devenu parfois réalité dans divers genres, ballet, opéra et grand spectacle.

tragédie : voir page 116.

tragédie-ballet : créée par Lully pour éblouir Louis XIV, et ancêtre de l'opéra (voir page 23).

tragi-comédie : une tragédie qui finit bien, ou du moins pas trop mal. Ainsi, LE CID (voir page 21).

vaudeville : voir page 119.

zarzuela : théâtre lyrique espagnol, proche de l'opéra-comique français, survivant comme lui à un siècle de gloire.

L'absurde (théâtre de)

Il serait absurde d'imaginer un auteur ayant le projet d'écrire un théâtre de l'absurde. Ionesco, créateur du genre, assure qu'il ne projetait même pas de faire une pièce ! (voir page 68).

Malgré tout, l'expression fait fortune depuis les années 1950, pour entrer dans le langage courant – et au dictionnaire.

Absurde. C'est d'abord un mot moderne, voire à la mode, un mot passe-partout et commode. Et un qualificatif pour désigner ce qui est « contraire à la logique, à la raison et au sens commun ».

C'est aussi une philosophie, avec un père fondateur, Albert Camus, « l'homme révolté », conscient du non-sens de la vie. LE MYTHE DE SISYPHE (1942) développe le thème de l'absurde, illustré par la légende du roi de Corinthe, condamné par les dieux à pousser pour l'éternité un roc au sommet d'une montagne. Une fois ce travail accompli, le roc tombe et va rouler au fond de la vallée, obligeant le malheureux à recommencer sans fin. Il incarne alors la conscience humaine face à l'absurdité du monde. Beau sujet de pièce, pour Camus par ailleurs auteur dramatique. Mais il en fait seulement un essai.

L'absurde dans la vie existe avant Camus, et naturellement la conscience de l'homme face à l'absurde ! Le théâtre étant le reflet de la vie, on peut logiquement trouver de l'absurde chez les plus grands noms du répertoire.

Très présent chez les Grecs et dans leurs mythes, comme chez les héros de Shakespeare où l'on trouve littéralement tout – et une réflexion sur la folie qui gouverne le monde. Plus près de nous, une relecture de Labiche mène à des mises en scène d'un absurde plus ou moins évident. Chez Feydeau, l'absurde est délibéré, voire systématique : dans les situations, les personnages, les objets. L'ubuesque UBU ROI de Jarry est par définition absurde. Même Courteline, qui se dit sans imagination, a l'art de pousser jusqu'à l'absurde un quotidien pourtant banal. Et Savary en ses débuts jongle avec l'absurde, par jeu et volonté maligne.

Le théâtre de l'absurde – étiqueté comme tel – est une autre réalité. Un phénomène étonnamment précis : daté (années 1950), situé (Paris, petits théâtres de la Rive Gauche, ces « pissotières du Quartier latin » chères à Camus !), codé (anti-théâtre, avec déstructuration systématique du théâtre d'avant et de toutes ses règles), signé, ou du moins attribué à quelques auteurs : Ionesco, Beckett, Genet. Ajoutons un autre trio, Dubillard, Adamov, Arrabal.

Le phénomène, mondialement reconnu, puisque joué sur toutes les scènes et très vite accepté par le public, trouve un théoricien, Martin Esslin. Écrivain et critique anglais, il dirige la BBC dans les années 1960, crée des centaines de pièces (d'abord à la radio) et va aider le jeune théâtre des Pinter, Osborne, Bond. THE THEATRE OF THE ABSURDE (1961) d'Esslin est l'analyse claire d'un mouvement finalement logique.

D'autres théoriciens démontrent que le mot ne correspond pas à une réalité si pertinente, et rassemble des individualités opposées en bien des points. Mais l'on pourrait dire cela de tous les genres, même les plus reconnus et codés.

Au-delà d'un mouvement précis, et déjà passé, l'absurde au théâtre reste un champ illimité d'inspiration. Le XXIe siècle aura sûrement à cœur de réinventer son théâtre de l'absurde. Simplement, ne pas oublier un détail capital : tous ses grands auteurs, de Feydeau à Ionesco, ont eu le talent d'en faire rire.

Le boulevard

C'est à la fois un genre et un lieu, partiellement liés l'un à l'autre. Même si ses origines remontent à la foire (voir page 28), avec ses auteurs de comédies à vaudevilles et autres pièces légères, le boulevard entre véritablement en scène avec l'industrie du spectacle et la grande époque de la bourgeoisie, au XIXe siècle. Les spécialistes, analystes et théoriciens du genre – il en existe de très sérieux – distinguent deux courants.

Le boulevard du rire se veut théâtre de divertissement, avant tout. On a l'embarras du choix, parmi les modèles du genre : Labiche, Feydeau, Courteline (voir pages 49, 53, 57). Trois classiques, régulièrement repris, tous trois entrés au répertoire de la Comédie-Française.

Il y a moins classe et encore plus populaire : Mouëzy-Eon, auteur de TIRE-AU-FLANC, vaudeville militaire, inconnu des littératures, mais repris au cinéma par Jean Renoir, puis François Truffaut ! L'auteur réussira l'une des plus longues carrières, surtout dans l'opérette à grand spectacle.

Le boulevard du drame, avec d'autres ambitions, va de l'analyse psychologique très française aux pièces à thèse qui font réfléchir et parfois avancer telle cause ou tel cas social – divorce, homosexualité, prostitution, etc. Dumas fils, Bataille, Brieux, Hervieu, Capus, Porto-Riche sont les auteurs les plus représentatifs – et peu représentés, hors leur époque (hormis LA DAME de Dumas). C'est un boulevard qui vieillit moins bien, ou mal.

Boulevard et boulevard ont pourtant des points communs. Ils utilisent les mêmes armes : pièce « bien faite », écrite par des professionnels (souvent en collaboration) ; souci de l'efficacité dans le rire ou la démonstration ; culte du mot d'auteur et du coup de théâtre plus ou moins en situation, de la scène « à faire » et de la « chute » ; personnages qui tentent l'acteur et l'incitent aux effets scéniques ; enfin, sujets axés sur la vie privée.

La crise du boulevard se profile à la fin du XIXe siècle. On lui reproche d'abord son succès. À raison d'une cinquantaine de créations par saison, le genre occupe la majorité des salles, attire l'argent des producteurs et les vedettes à l'affiche. Il est donc le principal adversaire des metteurs en scène. Ces nouveaux venus dans le milieu, prêts à révolutionner le théâtre, dénoncent les tics, les trucs, les ficelles, les combines et les coulisses du boulevard. Ils rejettent ses pièces trop bien faites, ses intrigues convenues, ses décors toujours les mêmes.

Contestation salutaire : le théâtre va se diversifier, d'autres courants vont naître, le théâtre populaire, belle utopie, va devenir une réalité. Désormais, Paris, son et ses boulevards ne feront plus la loi.

Le cinéma (parlant) est une autre épreuve de vérité pour le boulevard, à tel point que Pagnol, l'un de ses auteurs vedettes, en prédit la mort à brève échéance (voir page 65), et devient auteur-réalisateur. Sacha Guitry cumule avec talent les deux moyens d'expression. Finalement, ce théâtre décrié se refait une esthétique et une originalité propres (voir page 61).

Le café-théâtre sera le dernier coup de jeune donné au genre, dans le jeu, l'écriture et jusque dans les salles où un autre public vient rire d'un autre rire.

Un siècle plus tard, le bilan est clair : il y a autant d'auteurs, d'acteurs et de pièces de boulevard qu'au XIXe, mais le genre a évolué, entre tradition et renouvellement – destin de tout genre qui dure plus d'une génération.

On retrouve les nombreux professionnels qui font carrière, et les artistes qui font une œuvre, comme Sacha Guitry, devenu un classique, côté boulevard du rire (voir page 61). Pagnol sort le boulevard de son milieu bourgeois et parisien (voir page 64).

Plus dramatique et psychologique, autre roi du boulevard, Bernstein découvert par Antoine, et redécouvert par un film d'Alain Resnais, MÉLO. Bourdet traite aussi les vrais sujets de son temps et est souvent repris : LE SEXE FAIBLE, LES TEMPS DIFFICILES.

Beaucoup d'auteurs de boulevard, avant et surtout après la guerre, vont mélanger le rire et le drame, au point d'être inclassables, dans leur originalité de ton. Jean Anouilh alterne les pièces, toujours bien faites, mais roses et noires, baroques, brillantes, grinçantes et secrètes (classement signé de l'auteur), échappant volontiers au milieu bourgeois en prenant ses personnages dans l'histoire, la mythologie, ou en réécrivant les classiques (voir page 67). Tout aussi inclassables,

Marcel Aymé, Armand Salacrou, Félicien Marceau, et certaines pièces d'Achard, Roussin ou Roger Ferdinand.

Mais à la « relecture » ou à la énième mise en scène, tout bon ou grand auteur de boulevard est, à un moment ou un autre de son œuvre, entre le rire et le drame. Voir la folie de Feydeau, et la cruauté déjà présente chez Labiche, avec une réflexion sur les mœurs qui rappelle le théâtre de Molière. Si le boulevard avait existé de son temps, il aurait naturellement annexé cet auteur dont la première règle était de plaire au public, et qui méditait déjà sur la difficulté de faire rire !

Conclusion ? Le boulevard pourrait être idéalement considéré comme un vaste ensemble qui concilie des inconciliables et se révèle d'une richesse et d'une vitalité uniques.

Malheureusement, c'est l'un des thèmes de polémique les plus constants, les plus vains et les plus irritants du théâtre français. Entre ceux qui nient son existence et refusent d'en discuter – ceux qui lui dénient la moindre qualité artistique, le ravalant au rang de théâtre commercial et bourgeois, comme si ces deux mots accouplés formaient à jamais la pire des injures – et ceux qui le pratiquent, l'écrivent, l'interprètent, le montent ou le fréquentent plus ou moins assidûment, et le commentent en critiques ou théoriciens.

Dans ce vaste genre, ni plus ni moins flou et surtout plus populaire (grand public) que beaucoup d'autres, on trouve la même proportion de bons et mauvais auteurs, de génie et de nullité, que dans la tragédie ou le mélodrame. Et plus d'œuvres encore « jouables » et jouées que dans les autres genres, y compris le mélodrame et la tragédie.

La comédie

La comédie se décline sur toute une gamme de sous-genres. Pour ne s'en tenir qu'au théâtre de texte (sans musique) : comédie de caractère, comédie de mœurs, comédie d'intrigue, comédie bourgeoise, comédie de cape et d'épée, comédie réaliste, comédie burlesque, comédie fantaisiste, comédie dramatique, comédie romanesque, comédie fantaisiste, comédie poétique, comédie héroïque, comédie moralisante, comédie sentimentale, comédie larmoyante (qui vire au mélodrame), comédie à machines (très grand spectacle), comédie de genre, comédie poissarde, comédie policière, etc. Sans oublier la comédie de boulevard (voir page 96), et la comédie à vaudevilles qui va devenir vaudeville (voir page 119).

Genre mineur, depuis Aristote (IVe siècle avant J.-C.). Sa POÉTIQUE, bref traité d'esthétique, établit une hiérarchie entre les trois grandes formes de théâtre : épopée, tragédie, comédie. Les deux premières donnent à voir des personnages nobles et positifs ; les autres, bas et négatifs, et même « pires que nous », appartiennent à la comédie, qui les ridiculise encore.

Le Grand Siècle classique du théâtre français se réfère obsessionnellement à la théorie d'Aristote. La comédie est donc inférieure à la tragédie, ce qui lui laisse presque toute liberté de fond et de forme. La règle des trois unités (temps, lieu, action) ne va pas la corseter comme la tragédie, même si c'est préférable – plus élégant. La bienséance et la vraisemblance ne sont pas davantage requises.

La comédie pourra s'exprimer, voire « s'éclater », en prose ou en vers, en un acte ou en cinq, choisir ses sujets, ses personnages... D'où toutes les variantes, et le très vaste répertoire, des origines à nos jours !

La comédie est le genre qui a tenté le plus grand nombre d'auteurs.
Aristophane à Athènes, Plaute à Rome, et Shakespeare, le plus polyvalent des dramaturges. Au XVIIe siècle français, Corneille commence sa longue carrière par une comédie, MÉLITE, et perfectionnera le genre avant même Molière. Racine tente le coup une fois, et réussit LES PLAIDEURS. Les deux grandes plumes du XVIIIe siècle, Marivaux et Beaumarchais (mieux inspiré que dans le drame), produisent quelques chefs-d'œuvre. Musset, doué de cette légèreté de ton, enchaîne et fait miracle. Avant tous les Labiche, Feydeau et autres grands professionnels du divertissement, au XIXe siècle. Jusqu'aux auteurs de boulevard au siècle suivant, les Courteline, Pagnol, Guitry et tous ceux dont le but est de faire rire le public.

Car ce genre mineur a un atout majeur, une arme populaire, une qualité irrésistible : le rire. Face à une même situation, la tragédie ou le drame dramatisent, la comédie désacralise, dédramatise, et déride le public. C'est la loi du genre et sa seule règle pour plaire. Mais comme l'a dit Molière, « étrange entreprise que celle de faire rire les honnêtes gens. »

Dans le répertoire, son titre de gloire est d'avoir sinon créé, du moins perfectionné un genre nouveau et très français, la grande comédie – de mœurs, de situation, de caractère. Ce qui veut dire, dans la même pièce : une critique sociale sur son époque, une intrigue avec construction dramatique relevant de la « pièce bien faite » (oui, déjà, ô combien !), et des personnages typés, mais si vrais, si humains qu'ils passent les frontières du temps et de l'espace.

La comédie met en scène des gens issus des classes moyennes, toute une galerie de portraits qui exclut seulement les dieux, les rois, les nobles – personnages de tragédie. Elle les ridiculise avec plus ou moins de férocité, exploitant les travers de caractère, les tics de langage. Mais la comédie finit bien – sinon, c'est un drame…

Le drame

En France, c'est une invention du XVIIIe siècle.

Ailleurs et jadis, il y a des drames satyriques dans le théâtre grec de l'Antiquité ; des drames élisabéthains, signés Shakespeare et ses confrères ; des drames dans les 2 000 pièces de Lope de Vega, en Espagne. On trouve même des drames liturgiques dans le répertoire religieux de notre Moyen Âge, disparu sans descendance.

Mais le drame, en tant que genre toujours vivant dans le répertoire national et mondial, est beaucoup plus récent que la comédie et la tragédie auxquelles on va toujours l'opposer, pour mieux le définir.

La tentation pour le drame s'explique : le XVIIIe siècle est littéralement lacrymal. On aime pleurer, aller au bout de ses émotions, étaler ses sentiments, traiter des phénomènes de société fatalement sérieux qui passionnent le Siècle des Lumières.

Ainsi naît le drame, bourgeois, moral, philosophique. Inversement à la comédie, on ne rit pas – ou alors, c'est raté. Mais le drame lui ressemble par les personnages qu'il met en scène – des gens ordinaires. Tout le contraire de la tragédie. Et s'ils vivent des épreuves, ils n'en meurent pas fatalement. Le destin n'est pas inéluctable, et n'entraîne pas le malheur de tout un peuple ou un pays.

Diderot, passionné de théâtre comme tout son siècle (taxé de théâtromanie), fait la théorie du drame. Il faut respecter la vraisemblance et les trois unités (forme classique), mais exprimer tous les sentiments humains, peindre la société au quotidien, ajouter une morale claire et faire triompher la vertu… Le cahier des charges est lourd ! Tant et si bien que Diderot rate ses deux drames, LE FILS NATUREL et LE PÈRE DE FAMILLE.

Quelques autres grands noms se sont essayés au genre, dont Voltaire, plus à l'aise, sinon heureux, dans la tragédie ; et Beaumarchais, génial dans ses deux comédies et qui rate le dernier volet de sa trilogie – LA MÈRE COUPABLE. Une exception, le triomphe d'un auteur oublié, Louis-Sébastien Mercier, avec une pièce également oubliée, LA BROUETTE DU VINAIGRIER (1776).

Puis le drame passe de mode, entre la tragédie révolutionnaire et le mélodrame qui pousse la situation dramatique à l'extrême avec Pixérécourt (voir page 35).

Et le drame renaît, au XIXe siècle.

Casimir Delavigne enchaîne avec succès ses drames néoclassiques, psychologiques ou historiques. Il n'en reste rien de jouable aujourd'hui.

Le drame romantique est autrement plus intéressant : quelques jeunes poètes passionnés veulent bousculer les règles, rénover la scène. Création intense, féconde, et de courte durée – quinze saisons. Mais on en parle encore, on les joue toujours…

S'opposant aux classiques et pire encore aux néoclassiques français, les Hugo, Dumas, Musset (voir pages 41, 42, 39) et Vigny puisent leur inspiration à trois bonnes sources : le Siècle d'or espagnol, Shakespeare reconnu comme précurseur, et le romantisme allemand, Schiller en tête. Hugo fait la théorie du drame romantique dans la PRÉFACE DE CROMWELL et enchaîne avec des drames historiques : HERNANI, RUY BLAS, LUCRÈCE BORGIA… Musset donne LORENZACCIO. Dumas (père) écrit aussi des drames contemporains (ANTONY) – qui touchent davantage le public.

Après le romantisme, le « boulevard du drame » prospère (voir page 97). C'est l'apothéose du drame bourgeois et social, moralisateur et pathétique, type DAME AUX CAMÉLIAS de Dumas fils (1852) (voir page 46). Porto-Riche renouvelle le genre et crée le « théâtre d'amour », triomphant avec son interprète d'exception, sensible et naturelle, Réjane. L'autre reine de Paris, Sarah, a aussi le goût du drame et l'art des larmes, comme tous les monstres sacrés – qui ne sont jamais des comiques. Dernier drame romantique, CYRANO DE BERGERAC. Mais Cyrano est à lui seul un mélange de tant de genres… (voir page 52).

Drame naturaliste à la Zola, drame romanesque avec l'adaptation quasi systématique de tous les romans à succès. Balzac échoua – il n'était pas né pour le théâtre (voir page 47).

Le drame se porte bien, au XXe siècle où l'on n'aime plus les genres codés. Claudel (voir page 59) a l'exclusivité du drame claudélien et Romain Rolland (voir page 56) se sert du drame pour faire passer de grandes idées. Cocteau (voir page 63) joue avec le genre « drame bourgeois » et gagne avec LES PARENTS TERRIBLES (1938) : facture classique, mais le sujet (une mère ne supporte pas que son fils épouse l'ex-maîtresse du père) et le couple Cocteau-Marais font scandale. Cocteau a gagné.

De grands noms étrangers ont signé de grands drames, à l'affiche sur nos scènes : Pirandello et sa mise en abyme de l'être jusqu'à la folie, Tchekhov et sa dramatique élégance du malheur, Ibsen et Strindberg, aux drames si noirs. Et Brecht qui crée cette forme de théâtre populaire, violente et révolutionnaire, originale par la fameuse « distanciation ».

La mode semble un peu passée : le théâtre de l'absurde a misé sur des pièces sans intrigue, son triomphe a rendu la chose suspecte, bien à tort ! Et puis, le public a besoin de divertissement et préfère le rire de la comédie, non sans raison.

La solution est simplement dans le mélange des genres. Le drame qui fait partie intégrante de la vie peut être remis en scène à toutes les occasions imaginables. Il suffit d'imaginer, ou de regarder autour de soi, voire en soi.

La farce

Un long parcours « multi-médiatique » et une suite de succès « cahin-chaotique » !

Voici un genre plus que mineur, au regard de la tragédie et de la comédie, et pourtant codé, dès ses origines romaines : Plaute (voir page 11) invente un style de pièce bien faite pour faire rire le public. Ce sera aussi l'ancêtre de la comédie de mœurs.

La farce est très populaire au Moyen Âge : courte pièce où un personnage tente souvent d'en berner (farcer) un autre. La plupart de ces personnages sont issus du peuple (paysan, artisan, boutiquier...), et si un gentilhomme entre en scène, il lui arrive inévitablement malheur, pour qu'on en rie. Les occupations, les préoccupations même sont très matérielles : gagner de l'argent, trouver à se nourrir, faire l'amour. Et tout moyen est bon pour y arriver.

La farce est le seul genre qui survit au Moyen Âge, pourtant si long et riche en spectacles ! Très peu de textes en témoignent, 150 à 200, dont un chef-d'œuvre, LA FARCE DE MAÎTRE PATHELIN.

Une farce réussie, une leçon d'écriture : MAÎTRE PATHELIN

L'une des premières farces, perle du genre, la plus longue et la plus célèbre, parfois attribuée à un prêtre et poète normand, Guillaume Alecis, et considérée, aujourd'hui encore, comme le chef-d'œuvre du théâtre comique français du Moyen Âge.

Créée entre 1456 et 1469 (selon les sources), elle est jouée sur la Table de marbre du Palais de Justice (île de la Cité) par la Basoche, confrérie amateur formée par les clercs du Parlement de Paris – scène évoquée par Hugo dans son roman, NOTRE-DAME DE PARIS. La farce est publiée à Lyon, puis Paris, maintes fois rééditée, adaptée, traduite en anglais et en allemand. Rabelais connaît par cœur ses presque 1 600 vers (octosyllabes).

L'histoire se joue entre cinq personnages – cinq bons rôles et autant de crapules.

Maître Pierre Pathelin, avocat bohème, sans scrupules et sans client, subit les reproches de sa femme, Guillemette. Voulant la faire taire, il promet de ramener du drap à la maison pour se refaire de beaux habits, sans bourse délier. Il va chez le drapier, Maître Guillaume, qui lui vend une pièce de tissu plus cher qu'elle ne vaut, repart avec l'étoffe et invite le cupide marchand à venir chez lui, pour dîner et recevoir l'argent. Naturellement, il « farce » (trompe) l'homme, en jouant avec finesse divers personnages, dont le diable. Guillemette se révèle complice aussi rouée que lui. Thibaut Agnelet, berger du marchand, conseillé par l'avocat, contrefait le simple d'esprit en bêlant à chaque question posée. Le juge ne comprend rien à la cause qu'il doit débrouiller ! L'avocat est finalement berné par le berger qui, au lieu des honoraires dus, ne le gratifie que de « bée, bée »... Ainsi, il y a plus malin que Maître Pathelin.

Au-delà de l'imbroglio comique fort bien agencé, cette farce, malgré son titre, atteint la subtilité psychologique de la vraie comédie. On lui doit le mot « patelin » – enjôleur, hypocrite aux manières doucereuses. Et le proverbe « Revenons à nos moutons ! » – réplique du juge excédé de voir le procès s'égarer.

Quelque 150 farces nous restent : écrites entre 1450 et 1550, la plupart anonymes, dépassant rarement les 500 vers, intrigue élémentaire, personnages frustes, sinon bruts, guidés par leur ventre ou leur sexe. Les acteurs, enfarinés ou masqués, jouent sur des tréteaux de rue, dans des décors simples ou inexistants.

Le genre, très prisé du peuple, survit au Moyen Âge. La Renaissance boude ce spectacle vulgaire, la *commedia dell'arte* le supplante au XVIIe siècle, devant un public plus raffiné. Cependant, les farceurs, devenus acteurs professionnels, demeuraient très populaires dans les années 1613-1925 : trio des Enfarinés, troupe de Tabarin.

Les premières pièces de Molière sont des farces. Et jusque dans ses grandes comédies, il en reste la trace.

On retrouve les ficelles du genre au fil des siècles, chez nombre d'auteurs comiques : Beaumarchais, Labiche, Feydeau ou encore Courteline.

Des personnages de farce abondent chez Shakespeare, qui pratique le mélange des genres comme nul auteur avant, ni après. Il écrit par ailleurs quelques vraies farces : La Mégère apprivoisée, La Comédie des erreurs, Les Joyeuses commères.

On retrouve la bonne vieille farce avec les farceurs du Pont Neuf, premières vedettes à la mode et très prisés du peuple de Paris !

Molière (voir page 17) les a vus, enfant. Plus tard, il sera fasciné par les farceurs italiens. Toute sa vie d'auteur et d'acteur, il s'inspire de ce langage et de cette gestuelle efficaces dans le rire – il aura sous les yeux l'exemple de Scaramouche, l'Italien qui se produit dans la même salle que lui et en qui il a reconnu un maître. Il emprunte à la *commedia* le lazzi (gag, acrobatie verbale et gestuelle) et le quiproquo (une chose à la place d'une autre, d'où confusion).

Molière a commencé par écrire des farces : ce que le public provincial réclame à sa troupe de l'Illustre Théâtre. La farce est donc son « école dramatique » et son fonds de répertoire. Tout est perdu, sauf Le Médecin volant et La Jalousie du barbouillé.

Dans sa carrière parisienne, il écrit encore Le Médecin malgré lui. Farce ou comédie, on hésite sur le genre des Fourberies de Scapin. Peu importe, le ressort comique relève de la farce. Présente dans Les Précieuses ridicules, vivante jusque dans la grande comédie : le Pierrot de Dom Juan, la scène de la gifle. Et L'Avare, « la plus farce des tragédies classiques », pour son metteur en scène, Planchon.

Les contemporains ne s'y sont pas trompés, appelant Molière « le plus grand farceur de son temps » ! Compliment peut-être ambigu pour l'auteur-acteur, mais la farce française en a retiré une respectabilité nouvelle : elle n'est plus réservée au peuple. Et puis, lentement, la division des genres s'estompe.

La farce est véhiculée partout en Europe et durant un siècle par la *commedia dell'arte* (voir page 19). Des comédiens si professionnels qu'ils peuvent tout jouer, mais ils excellent dans ce répertoire populaire : l'accent ne gêne pas, on peut même se contenter de mimer, avec les gags, les personnages masqués, typés.

La farce se retrouve naturellement à la foire (voir page 26), où l'on trouve tout. Mais le XVIIIe siècle français est trop raffiné pour être très preneur.

La farce revient et s'affiche sans complexe au XIXe siècle, avec les maîtres du rire : Labiche (voir page 49) à ses débuts écrit des vaudevilles-farces, et Feydeau (voir page 53) y vient en fin de carrière, avec ses farces conjugales en un acte. Courteline (voir page 57) reste l'auteur majeur de ce genre qui ne semble plus du tout mineur.

La farce abandonne le « franc comique » et change de registre, au XXe siècle : UBU ROI est annoncé comme une farce épique par Jarry (voir page 55), on parle de farce tragique chez Ionesco (voir page 68), et Beckett (voir page 70) aurait écrit une farce métaphysique avec GODOT. Dont acte.

Les plus grands farceurs du siècle, on les trouve pourtant au cinéma. Charlot en tête d'affiche, dans tous ses premiers courts-métrages. Mais comme Molière, il garde quelque chose de la farce dans ses œuvres majeures – voir, revoir les plus grands films de Charlie Chaplin, à commencer par LE DICTATEUR (1940).

La farce imprègne tout un cinéma burlesque américain. On la retrouve chez Jacques Tati, qui peine à imposer ce style au public français, malgré des éloges critiques dithyrambiques.

La farce se retrouve en piste au cirque, depuis que les clowns y sont rois. Et elle revient en force sur scène, à la radio, à la télé, dans les sketches et les *one-man shows* (voir page 113).

Détournement de farce, ou renouvellement d'un genre qui a la vie dure : aussi longtemps que le public voudra rire d'un certain rire farceur, « farcesque », farce et attrape…

Grand spectacle (pièce ou théâtre à)

Plus qu'un genre, un mélange des genres, et une constante de la scène. Né avec le théâtre, il évolue avec lui, prenant les formes les plus diverses, dans le ballet et l'opéra, et s'invitant dans les genres dramatiques les plus populaires, le mélo, mais aussi l'opérette, le music-hall.

Raison majeure de cette folie scénique : le grand spectacle séduit tous les publics. Le roi et la cour, le grand et le petit bourgeois, les classes modestes, le peuple illettré, tout le monde en demande et en redemande, à la seule condition qu'il soit toujours plus grand – d'où l'escalade des coûts, pour étonner toujours davantage. Dès qu'on arrive à l'excès absurde et à l'impasse, le grand spectacle se renouvelle sous une autre forme technique, ou meurt et ressuscite dans un autre genre.

Le premier grand spectacle en France est populaire et religieux – tout théâtre est à l'origine religieux au Moyen Âge, mais le MYSTÈRE DE LA PASSION atteint des proportions devenues mythiques, pour les hommes de théâtre.

LA PASSION, théâtre de masse, spectacle populaire et mythique

Volerie des anges, déluge inondant la scène et langues de feu, prestidigitations pour changer l'eau en vin, multiplier les pains, accomplir ces miracles qui surabondent dans les genres sacrés – miracles et mystères.

La machinerie, très lourde, est déjà efficace, et le « conducteur de secrets » fort bien payé pour ce qu'on appellera plus tard « clous » et mise en scène. Le grand spectacle chrétien culmine à Paris avec le MYSTÈRE DE LA PASSION, vers 1450 : monument théâtral du Moyen Âge, somme grandiose inspirée par la foi chrétienne.

L'auteur, Arnoul Gréban, théologien et musicien (organiste à Notre-Dame), reprend largement la PASSION D'ARRAS (attribuée à Marcadé). On se pille sans vergogne, la propriété littéraire est inconnue, la plupart des œuvres restent anonymes. Mais la représentation publique est sous haute surveillance : les Confrères de la Passion ont le monopole du répertoire sacré, depuis 1402.

En 34 574 vers (15 tragédies classiques mises bout à bout !) et 224 personnages, ce mystère donne « tout » à voir, en 4 Journées précédées d'un long prologue.

Prologue : Création du monde, chute de Lucifer, crime de Caïn, vie et mort d'Adam et Ève, après le « procès de Paradis » où Dieu annonce la Rédemption.

1 – Incarnation, naissance et enfance de Jésus.
2 – Prédication de Jean-Baptiste, miracles du Messie, entrée à Jérusalem, arrestation au Jardin des Oliviers après la trahison de Judas.
3 – Procès de Jésus, Passion proprement dite, crucifixion et mise au tombeau.
4 – Résurrection.

Le mélange des genres est frappant : dialogues quotidiens et envolées lyriques, alternance de comique et de tragique. Les scènes de torture ont la part belle : en quelque 7 000 vers et une profusion d'images réalistes, bourreaux, diables et damnés se déchaînent. Le public est friand de violence et fasciné par la mort ; le spectacle du Mal et des vices est naturellement plus excitant que celui du Bien et de la vertu. Mais ce « théâtre de la cruauté » est théologiquement justifié : le Christ a lui-même souffert la Passion, pour satisfaire la justice divine.

Pendant un siècle, ce grand spectacle chrétien, régulièrement repris en province, mobilise les foules et rassemble un public de masse, idéalement « populaire » : du commun à l'élite, toutes les couches de la société unies en une même ferveur théâtrale et religieuse.

Le mystère disparaît en tant que genre dramatique, mais la nostalgie de ce théâtre médiéval survit et tourne au mythe : il nourrit bien des utopies à venir, inspire la fête chère à Rousseau et aux Révolutionnaires, fascine l'ambitieux Hugo et hante les animateurs au XXe siècle, tels Gémier, Copeau ou Vilar.

De la Renaissance à la fin de l'Ancien Régime, le grand spectacle est réservé aux privilégiés, le peuple n'ayant pas accès aux genres les plus coûteux et codés : ballets de cour, puis comédies-ballets à la démesure de la mégalomanie royale sous Louis XIV, qui culmine avec PSYCHÉ de Molière, Lully et Cie (1671).

L'opéra, né italien, introduit par le mécénat public de Mazarin (né Mazarini), n'intéresse pas tant par la musique chantée que par la machinerie, elle aussi italienne : on parle de « pièces à machines » et les machines sont les vedettes, avec le machiniste en chef.

Musique et livret sont bientôt réhabilités, par les talents conjugués de Lully et Quinault, mais l'opéra demeure le plus coûteux des spectacles au XVIIIe siècle, avec des scénographies toujours plus fastueuses (et italiennes), à l'Opéra de Paris. La Comédie-Française sacrifie au même culte du grand spectacle, pour les tragédies noyées sous les temples à colonnes, les foules de figurants, les cortèges et défilés à l'antique.

Pièce à machines et machines sans pièce, la folie du grand spectacle

1647. À l'affiche du Palais-Royal, ORFEO, musique de Luigi Rossi, livret de Francesco Buti.

L'opéra italien, très populaire dans son pays d'origine depuis le « divin » Monteverdi, est importé à grands frais par Mazarin. Cette création fait sensation sur le public parisien. On parle de « fameuse comédie ». Rappelons l'histoire…

Eurydice, avant son mariage avec Orphée le poète, consulte un devin qui l'effraie en lui prédisant le pire. Le fils de Bacchus, Aristée, très épris de la belle, supplie Vénus d'empêcher les noces : la déesse de l'amour, qui déteste le poète, fait mourir Eurydice. Junon paraît alors et conseille à Orphée d'aller chercher son aimée aux Enfers. Dieux et déesses se coalisent pour aider les amants à se retrouver et remonter sur terre. Mais Orphée enfreint la loi, en se retournant pour voir si Eurydice le suit… et elle doit retourner aux Enfers.

Désespéré par cette mort et fou de remords, le fils de Bacchus se tue. Poussés par Vénus, Bacchus et les siens se vengent, mettant en pièces le pauvre Orphée. Un hymne à l'amour et à la fidélité clôt l'opéra en beauté.

La légende d'Orphée est l'un des mythes qui a fort inspiré les artistes, de Monteverdi (premier ORFEO lyrique en 1607) au TESTAMENT D'ORPHÉE (film de Cocteau), en passant par la version parodique d'ORPHÉE AUX ENFERS, opéra-bouffe d'Offenbach.

Plus que la comédie et la musique, le spectacle baroque et raffiné d'ORFEO enchante les Parisiens. La « machinerie » est signée Giacomo Torelli, surnommé Stregone, le Sorcier. C'est lui, la vedette du spectacle : « Il change un antre obscur en un palais doré / Où le poisson nageait, il fait naître des roses. »

Ses machines permettent les changements à vue, l'espace scénique est littéralement animé, la perspective des décors peints en trompe-l'œil saisit le public. L'engouement est tel qu'on va payer, rien que pour voir les machines magiques, les apparitions-disparitions horizontales et verticales, tous les « effets machinés » (on dirait aujourd'hui effets spéciaux), sans plus de musique, d'action, ni d'interprètes ! C'est le spectacle pour le spectacle.

Prouesses de « décorations », débauche scénographique, coût exorbitant…

Mazarin commande à Corneille une « pièce à machines » pour réutiliser (et amortir) le dispositif d'ORFEO. D'où ANDROMÈDE (1650).

Apothéose du genre en 1671, PSYCHÉ. Théâtre, musique et danse, mime et acrobatie se mêlent dans cette comédie-ballet, tragédie-ballet ou pièce à machines – on ne sait comment qualifier ce grandiose mélange de tous les genres connus, signé Molière, Corneille, Lully, Quinault, Vigarani (machiniste) et autres génies du siècle. L'œuvre est créée Salle des Machines, édifiée au château des Tuileries. Tout pour l'œil, mais acoustique déplorable.

Lully, compositeur, et Quinault, librettiste, font heureusement évoluer la tragédie lyrique vers l'opéra à la française. L'Académie royale de musique et de danse, dans la salle rénovée du Palais-Royal, fait triompher ALCESTE et PHAÉTON. L'Opéra de Paris, dès sa naissance, donne à voir de la musique à grand spectacle : une tradition maison, critiquée des mélomanes.

Après Torelli et Vigarani, on trouve à l'affiche une longue lignée d'architectes et ingénieurs, également peintres et décorateurs, scénographes et metteurs en scène avant la lettre. Ces créateurs dans l'art de la machinerie, tous italiens ou d'origine italienne, révolutionnent la scène pendant trois siècles, à l'Opéra, la Comédie-Française ou dans des salles plus grandes encore. Le public vient pour la féerie, la fête des yeux – le texte, s'il existe encore, n'est plus que prétexte, ou simple argument.

Tout le contraire du MYSTÈRE DE LA PASSION au Moyen Âge. En cela, il y a moins progrès que régression.

Le grand spectacle redevient populaire sous la Révolution : c'est la fête révolutionnaire, et plus que du théâtre, la théâtralisation de la Révolution, financée par le pouvoir, servie par les plus grands artistes du temps, Talma et David en tête, suivie par tout le peuple mobilisé.

Cette liturgie païenne ressuscite pour quatre saisons la mystique des dix siècles du Moyen Âge : même ferveur, même engagement populaire. Les rues, les places, le Champ de Mars, les Tuileries et les Champs-Élysées à Paris servent de décors naturels au grandiose cérémonial des chants, musiques, discours et cortèges offerts à des centaines de milliers de citoyens-spectateurs.

Le spectacle rentre ensuite dans les salles au XIXe siècle, reprend des proportions théâtrales, redevient payant, bourgeois, mais également populaire. L'industrie du spectacle, pour être rentable, n'est pas réservée aux riches ! Chaque classe aura son ou ses grands spectacles et l'esthétique du clou est la nouvelle religion du siècle.

Le clou est roi, à l'Opéra de Paris, et tout opéra comporte un ballet. Auteurs et compositeurs jouent le jeu de ce grand spectacle imposé. Même les deux géants du siècle lyrique, Verdi et Wagner, ajoutent un ballet à la version française de leurs œuvres, pour être joués sur la première scène de France ! Le ballet romantique devient vite une succession de clous dansés, quelque peu académiques.

Le mélodrame, genre le plus populaire, doit se renouveler pour vivre : il se fait mélodrame à clous. Les auteurs multiplient les didascalies catastrophes : tempêtes et naufrages, volcans en éruption, orages déchaînés, apocalypses diverses, on demande l'impossible au « clou machiné ». Le public exige toujours plus de ces effets spéciaux dramatiques.

Et tous les autres spectacles populaires font assaut de grand spectacle : les mimodrames militaires du Cirque Olympique montrent des charges de cavalerie pour reconstituer les victoires de la Révolution et de l'Empire, et les féeries multiplient les prodiges techniques, avec incursion dans le fantastique.

Le music-hall et l'opérette, deux genres nouveaux et très grand public, se mettent à l'heure du grand spectacle. Ils vont vivre un siècle de succès et de triomphes, soumis également à la loi du renouvellement.

La revue de music-hall emprunte au théâtre la magie de ses machineries et décors, avec praticables et trucs scéniques, puis les fastes des revues à l'anglaise, qui font les beaux soirs du Casino de Paris et des Folies Bergère. Ruissellement de fontaines lumineuses, débauche de strass, paillettes et plumes d'autruche, costumes délirants, enchaînement de tableaux dont chacun est un clou, jusqu'à l'apothéose finale, la descente du grand escalier par la meneuse de revue, escortée d'une troupe de *girls* et de *boys*.

L'opérette a des débuts plus modestes, avec Offenbach. Mais c'est l'opérette à très grand spectacle qui remplira les vaisseaux de la Gaîté-Lyrique, du Mogador et du Châtelet, avant le déclin du genre.

Au XXe siècle, le théâtre est concurrencé par le cinéma. Robert Hossein, en franc-tireur, annonce un théâtre comme on n'en voit qu'au cinéma, travaille dans l'esprit cinéma, avec des scénaristes attitrés (Alain Decaux en tête), et remplit le Palais des Sports avec des foules attirées par le grand spectacle autant que par le grand sujet : Jésus, De Gaulle, la Révolution française, Napoléon, Bonaparte, Potemkine, etc. Certains de ses spectacles ont frôlé le cap du million, à grands frais plus ou moins amortis.

Un vrai public de masse (entre 1 et 1,5 million de spectateurs en un seul soir) assiste au DÉFILÉ-SPECTACLE POUR LE BICENTENAIRE DE LA RÉVOLUTION, en 1989 : 8 000 participants, 8 000 costumes, 30 chars et 10 scènes mobiles pour un super grand spectacle qui retrouve la rue de Paris, en l'occurrence la plus belle avenue du monde. Mais déjà, la Révolution avait ce goût de la fête, et le Moyen Âge ne voyait pas moins grand.

Ainsi, le grand spectacle continue, ni plus ni moins grand – coûteux, démesuré, magique, inventif, extraordinaire et fou. Cet éternel retour et cette perpétuelle redécouverte, c'est bien l'une des constantes et presque une loi de l'histoire du théâtre.

La part de l'auteur peut sembler minime, à côté des autres maîtres d'œuvre et créateurs : metteur en scène, dramaturge, scénographe, chorégraphe, costumier, décorateur, ingénieur du son, concepteur lumière, machiniste, compositeur. Mais le générique d'un film est encore plus long ! Et quel que soit son nom, scénariste ou adaptateur, il y a toujours un auteur dans un spectacle.

Le *one-man (woman) show* et le sketch

One-man show : littéralement, spectacle pour homme seul. On pourrait dire plus simplement : solo. Mais l'anglicisme fait la loi, le terme est entré dans les mœurs.

La grand-messe théâtrale et télévisée des Molières a créé pour ce genre une catégorie : « seul en scène ». Qui a récompensé en 2008 une vraie pièce (plutôt qu'une suite de sketches), UN MONDE FOU, et un comédien virtuose, Éric Métayer, jouant 32 personnages à lui seul – avec la complicité d'un téléphone.

Les *one-man shows* sont de plus en plus nombreux à l'affiche, depuis quelques saisons. Peu, mal ou pas du tout traité dans les histoires du théâtre, c'est un genre d'avenir. Il renouvelle une forme de music-hall et il est servi par la crise (récurrente) du théâtre privé : le coût du montage est logiquement plus modeste, avec un seul interprète sur une scène généralement sans décor. C'est la providence des tournées théâtrales, des petites salles en province. Mais une vedette peut remplir un Zénith ou le stade de France. Voir Jean-Marie Bigard.

Ce type de spectacle, parfois classé dans les « variétés », relève pourtant du théâtre. Dialogue – il existe d'ailleurs des pièces en forme de monologue. Personnage – souvent identifié à l'interprète, mais le traître de mélodrame, attendu à la sortie des artistes, était identifié et conspué comme le méchant de l'histoire, sur le boulevard du Crime !

L'interprète en scène peut écrire son texte – comme un auteur-compositeur-interprète (ACI) de chansons. Donc, si un auteur a aussi la vocation et le talent d'acteur… il se lance. Sinon, il y a toujours un (jeune) *show-man* en mal de (bons) textes. La priorité est à l'interprète – vedette ou pas, le feu des projecteurs est sur lui, et il doit s'approprier les mots, la situation, plus qu'en toute autre forme de spectacle. Il faut donc un « sur mesure ». Jean-Loup Dabadie est en cela un virtuose – comme au cinéma, quand il s'adapte à la vision d'un réalisateur lui-même taillant des rôles sur mesure pour ses interprètes : voir les films signés Sautet et Dabadie, Yves Robert et Dabadie…

La comparaison avec la chanson et le cinéma ne s'arrête pas là, comme s'il y avait des lois communes à tous les genres de spectacles. Un bon *one-man show* est un *show* (spectacle) structuré comme un tour de chant, construit comme un film… et comme une pièce de théâtre, de scène en scène, chaque scène pouvant être un sketch. Oui ! C'est bien du théâtre – comme dans les farces de Plaute.

La part du rire est une constante du genre, voire une dominante. Mais le rire se décline sur tous les tons : de l'humour le plus fin à la grosse rigolade, en passant par la parodie, le style chansonnier, et toute la gamme des mouvements de zygomatiques. De Raymond Devos à Coluche et Bernard Haller, de Jacques Martin à Pierre Desproges et Jacques Villeret, de Michel Boujenah à Smaïn et Gad Elmaleh, de Pierre Richard à Franck Dubosc, de Thierry Le Luron à Michel Leeb et Laurent Gerra – les imitateurs ont un créneau de choix, dans cette catégorie.

Les femmes ont trouvé leur place, avec retard – le rire au féminin est une conquête récente. Après Jacqueline Maillan (PIÈCE MONTÉE, signé Pierre Palmade), Sylvie Joly, Charlotte de Turckheim (UNE JOURNÉE CHEZ MA MÈRE, signé Bruno Gaccio), Muriel Robin (collaborant avec Palmade), puis Mimie Mathy, Anne Roumanoff, Julie Ferrier, Florence Foresti, Sophie la harpiste, etc., autant de comédiennes (classées) comiques, ou humoristes. Ne jamais oublier qu'un *show* en solo, homme ou femme, a d'abord pour mission de faire rire le public.

Le sketch, autre mot anglais, se définit comme une « petite scène généralement comique impliquant un faible nombre d'acteurs ». En (bon et vieux) français, une saynète.

Sans remonter aux origines (les célèbres farceurs du Pont Neuf), le sketch moderne a sa place sur scène au cirque et surtout au music-hall, au XIXe siècle. Les sketches se retrouvent (parfois qualifiés de numéros) dans les cabarets (rive gauche ou rive droite, chansonniers), les salles de « variétés », puis dans les théâtres proprement dits, et même les plus grandes salles, à Paris.

Un montage de sketches à une voix s'affiche comme un vrai spectacle : c'est le *one-man (woman) show*.

Les sketches se jouent souvent à deux. Deux partenaires se complètent idéalement, à la manière de l'Auguste et du clown blanc sur la piste ronde, ou de Laurel et Hardy, au cinéma. Voir Pierre Dac et Francis Blanche, Darry Cowl et Jean Lefebvre, Poiret et Serrault, Guy Bedos et Sophie Daumier, Michèle Laroque et Pierre Palmade, Chevallier et Laspalès, Shirley et Dino... Les Molières 2008 ont honoré LES DIABLOGUES (de Roland Dubillard).

Les sketches se jouent plus rarement à trois : le trio des Enfarinés, Tabarin et ses deux compères (farceurs du Pont Neuf) au XVIIe siècle... De nos jours, Florence Foresti avec deux filles à ses débuts, comme les 3 Jeanne, les 3 Pénélope, et les Inconnus (Didier Bourdon, Bernard Campan, Pascal Légitimus).

Et pourquoi pas quatre ? Les Frères Jacques dont chaque chanson était un numéro, au music-hall. Et LE QUATUOR, spectacle musical régulièrement repris depuis plus de vingt ans : les instruments parlent plus que les interprètes, mais la construction du spectacle est bien là, avec les effets, les gags, les chutes (aux sens propre et figuré), l'escalade du n'importe quoi, qui débouche sur une forme d'absurde. Molières et Victoires de la musique ont rendu hommage à tant de poésie et d'humour.

La liberté de ce genre, la diversité de style, la souplesse à s'adapter – à tel ou telle interprète, mais aussi à l'actualité, au lieu, à la demande au sens le plus large –, tout cela laisse augurer d'un bel avenir au sketch, sous toutes ses formes. Après la radio qui fut très créative, la télévision est à la fois une rampe de lancement et un débouché : *Le Petit Rapporteur*, *Le Petit Théâtre de Bouvard*, *La Classe*, *Les Guignols de l'info*, *Nulle part ailleurs*. Toute une génération d'humoristes est née dans cette pépinière, et a été formée à cette école.

Ces mini-comédies qui tournent souvent à la farce auraient été classées genre très mineur, à l'époque où cette hiérarchie avait un sens – un peu comme la chanson par rapport à l'opéra. C'est aujourd'hui un filon en or, pour l'auteur interprète ou pour l'auteur caché derrière l'interprète. Ainsi, Jean-Jacques Peroni collaborant avec Laurent Gerra, Bernard Mabille prêtant son talent à Le Luron hier, aujourd'hui Anne Roumanoff. Donnons aussi l'exemple du couple Jean Dujardin et Alexandra Lamy, dans la série télé UN GARS, UNE FILLE, 486 épisodes de 6 minutes, adaptation d'une sitcom québécoise, par Isabelle Camus (productrice) et Hélène Jacques – avec quelque 200 auteurs, dont une vingtaine de collaborateurs réguliers pour faire vivre les héros, Chouchou et Loulou.

C'est donc un vrai marché pour les bons faiseurs du XXIe siècle. Et une école d'écriture qui peut mener à d'autres formes de spectacle – comme le court métrage ou la pub, menant au cinéma.

La tragédie

La tragédie est née avec le théâtre, en Grèce, au VIe siècle avant J.-C. On joue encore, rarement, ces œuvres de Sophocle, Eschyle, Euripide. Elles vont surtout inspirer nombre d'auteurs, et pas seulement tragiques.

Genre noble par excellence (opposée à la comédie), elle se distingue du théâtre épique des origines. Aristote, dans sa POÉTIQUE, ose donner Sophocle gagnant contre Homère (voir pages 8 et 9), le mythe, l'intouchable ancêtre ! Et il a raison, en termes d'efficacité scénique. L'épopée, si sublime et poétique soit-elle, n'est qu'un récit. Alors que la tragédie, c'est du vrai théâtre, avec action, personnages, dialogues.

Pour mériter tous les honneurs et surpasser la comédie, elle doit aussi mettre en scène des êtres supérieurs au commun des mortels – dieux ou demi-dieux, rois, héros mythiques. Ils traversent des épreuves et ne peuvent échapper à leur destin – la mort ou d'horribles souffrances. Leur sort n'est pas seul en cause. C'est la vie ou la liberté de tout un peuple qui en dépend.

Tels sont les ingrédients de la tragédie. Cela va naturellement inspirer les plus grands auteurs, chacun adaptant l'écriture à sa culture nationale et son génie propre.

Le maître du genre, le plus connu, le plus joué : Shakespeare (voir page 12). Avec six tragédies gréco-romaines : TITUS ANDRONICUS, TROÏLUS ET CRESSIDA, et les autres inspirées des VIES PARALLÈLES de Plutarque, JULES CÉSAR, ANTOINE ET CLÉOPÂTRE, CORIOLAN, TIMON D'ATHÈNES ; et cinq tragédies rappelant des contes italiens – ROMÉO ET JULIETTE, OTHELLO – ou des chroniques entre histoire et légende – HAMLET, LE ROI LEAR, MACBETH. Son génie explose littéralement, en toute liberté d'expression, dans le fond comme dans la forme.

La France entre en scène avec retard sur ses voisins européens, mais va se rattraper. Comme la comédie et le drame, le genre se déclinera en diverses formes. D'abord musicales : tragédie-ballet, tragédie lyrique, à machines, en musique – ancêtres de l'opéra, avec Lully et son librettiste attitré, Quinault.

La tragédie du XVIIe siècle sera par ailleurs héroïque, galante, politique (Corneille), romanesque (Thomas Corneille, le frère), et encore romaine, orientale, grecque, biblique (Racine). Pour devenir néoclassique, au XVIIIe – et patriotique sous la Révolution.

Reste la tragédie classique – la grande, la vraie, la belle – née en France, au Grand Siècle classique.

La théorie, plus que jamais inspirée d'Aristote, impose au genre tragique des règles strictes : unité de lieu, de temps, d'action. Autrement dit :

> *Qu'en un lieu, en un jour, un seul fait accompli*
> *Tienne jusqu'à la fin le théâtre rempli.*
>
> Boileau

À cela s'ajoutent la vraisemblance, et la bienséance – pas de violence, pas de combat ou de sang sur scène, pas de rapprochements intimes, comme les baisers. On comprend mieux que Shakespeare ne se joue pas en France ! Et quand on le jouera au siècle suivant, les adaptations seront plus « soft » que shakespeariennes (voir page 143) !

La tragédie a une fonction moralisatrice : à travers les exemples montrés sur scène, le spectateur doit pouvoir purifier ses mœurs.

Quant à la forme, la tragédie doit être écrite en vers (alexandrins), et en cinq actes. Notons que tous les autres arts (poésie, peinture, musique) doivent également satisfaire à des normes académiques – l'Académie est d'ailleurs créée pour les faire respecter.

Avec tous ces impératifs, sitôt née, la voilà parfaite – alors que le vaudeville évolue pendant trois siècles ! Avec deux génies dramatiques à son service : Corneille, Racine (voir pages 21 et 22)… et quelques auteurs mineurs, son règne dure une vingtaine de saisons. Cette génération quasi spontanée, mais éphémère, est un miracle et l'un des mystères de la création artistique.

Et après ? Il y a Voltaire (voir page 28), mais… Chénier (voir page 34), c'est pire. Ne parlons pas des autres.

Le siècle suivant oublie la tragédie, pour applaudir le drame, le mélodrame.

Au XXe siècle, il y aura Giraudoux (voir page 60). Un critique qualifiant son ÉLECTRE de tragédie classique, il relativise : « Disons plutôt une tragédie bourgeoise ». Cocteau (voir page 63) renouvelle le genre avec LA MACHINE INFERNALE et L'AIGLE À DEUX TÊTES. Enfin, on a parlé d'une résurrection de la tragédie avec Ionesco, Beckett, Genet.

Il y a du tragique dans ce théâtre de l'absurde ! Mais ce ne sont pas vraiment des tragédies.

Peut-on encore en écrire ? La tragédie, dit-on, c'est une reine qui a des malheurs. Il y a encore des reines, elles ont toujours des malheurs, mais le sujet fait la une d'une presse « people » ou poubelle. Les dieux et déesses, jadis bons personnages, ont encore moins la cote – question de mode, et de culture.

Il existe pourtant des héros contemporains, un tragique quotidien. Et l'idée même du Tragique perdure, cette fatalité propre à la condition humaine d'être mortelle et de le savoir, ce sentiment inéluctable d'un destin plus fort que notre volonté, si grande soit-elle ! Cela se retrouve dans d'autres formes dramatiques, et d'abord le drame. Malgré tout, le pari n'est pas impossible : il y aura, un jour, un nouvel auteur qui va réinventer le genre, fond et forme. Il faut avoir le talent, le sens de cela, et tout simplement oser.

Le vaudeville

Dans un style opposé, voici le vaudeville.

Exemple même du genre qui engendre de nouveaux genres et les mélange, brouille les étiquettes et joue à saute-barrière entre spectacle et théâtre ! Sa descendance est stupéfiante, au terme d'une histoire de trois siècles.

> *C'est le ton de la nation ;*
> *si les Français perdent une bataille, une épigramme les console ;*
> *si un nouvel impôt les charge, un vaudeville les dédommage.*
> Carlo Goldoni (MÉMOIRES)

L'étymologie du mot est incertaine : déformation de Vau (ou Val)-de-Vire (lieu de naissance d'une forme de chanson satirique) ou « voix-de-villes » (recueil de chansons populaires) ? En tout cas, le vaudeville est d'abord une chanson gaie, voire grivoise, puis le texte nouveau d'un couplet écrit sur un air connu (ou timbre), inséré dans la comédie à vaudevilles, qui prend le nouveau nom d'opéra-comique (première manière), au début du XVIIIe siècle, à la foire.

Les auteurs de livrets font la fortune du genre : Lesage, Fuzelier, Favart. On écrit ensuite des airs nouveaux ou ariettes. Et ces comédies à ariettes donnent l'opéra-comique (seconde manière) : de grands compositeurs s'y consacrent, l'opéra-comique devient un genre sérieux, qui concurrence l'opéra. Au point que les meilleures œuvres ont accès à la scène la plus convoitée, celle de l'Opéra : FAUST de Gounod, CARMEN de Bizet.

La comédie à vaudevilles de la foire, après une éclipse, va vivre à son tour une irrésistible ascension. Elle renaît sous la Révolution, à l'enseigne du Vaudeville, première des quatre salles du nom à Paris, avec une bonne troupe, de bons auteurs et un public bon enfant. Que de villes auront leur Vaudeville ! L'enseigne attire le public, comme par magie.

Le vaudeville, genre très populaire, va s'embourgeoiser au long du XIXe siècle, Scribe, Labiche et Feydeau (voir pages 38, 49 et 53) se relayant pour porter le genre à la perfection. Le premier donne au vaudeville une solide charpente de « pièce bien faite », le deuxième accélère le rythme, perfectionne les procédés comiques et débarrasse peu à peu la pièce des couplets – repris par le genre naissant de l'opérette, partie de son côté pour un siècle de triomphe. Enfin, le troisième pousse à l'extrême la mécanique de la folie, jusqu'au génie de l'absurde.

Au XXe siècle, le vaudeville survit à Feydeau, maître incontesté du genre, mais s'affadit et s'identifie souvent au boulevard (voir pages 98 et 99), assez vaste pour le récupérer.

Le mélange des genres est plus que jamais d'actualité, tandis que l'irruption de la vidéo et du virtuel, nouvelles technologies dans le spectacle vivant, brouille encore les pistes et ajoute à la confusion avec le spectacle enregistré.

Raison de plus pour avoir quelques repères, entre les deux extrêmes : le grand spectacle qui renvoie au rêve de l'art ou du théâtre « total », quête d'artistes et fascination du spectateur, et les formes courtes, comiques, facilement médiatisées, et sans cesse renouvelées pour s'adapter à la demande d'un public toujours avide de nouveauté.

3

Toutes les questions et quelques réponses pour guider l'auteur à venir

Salle Ventadour en 1843.

Il y a plusieurs types de questions.

Celles à (se) poser, d'autres à éviter, pour ne pas se perdre en vaines conjectures.

Celles qui ont une réponse simple, d'autres plusieurs réponses, d'où un choix parfois cornélien… Mais pour écrire, il faut trancher.

Celles, plus rares, qui n'ont pas de réponse – dans un autre domaine, qui peut dire si Dieu existe ? Malgré tout, il faut vivre.

De toute manière, on ne perd jamais son temps à ce genre de réflexions.

La plupart des auteurs ayant laissé un nom se sont posé ces questions : en témoignent leurs notes, lettres, mémoires, journaux plus ou moins intimes, préfaces ou manifestes, voire les brouillons, du temps pas si lointain où les manuscrits étaient réellement écrits à la main.

Voici donc 30 questions ou réflexions sur l'acte d'écrire (métier, vocation, talent, etc.), puis sur une pièce en projet, avant, pendant et après l'écriture.

Des références aux auteurs et aux genres traités précédemment, et choisis pour leur exemplarité, servent de caution à ce petit guide pratique, technique et parfois existentiel. Être ou ne pas être auteur de théâtre…

Acte 1 – Les chemins qui mènent à l'écriture théâtrale

> *Dans l'art, il y a mille moyens d'encourager les fausses vocations, aucun moyen de décourager les vraies.*
> Les frères Goncourt

Diverses pistes, entre doutes et certitudes. Et une règle de bon sens, en passant : mieux vaut se poser une question le plus tôt possible, parce qu'à l'étape suivante, ou c'est trop tard, ou ça coupe l'élan.

C'est aussi le principe de : mieux vaut prévenir que guérir. Et ça vaudra tout le long du parcours.

Naturellement, si le lecteur ne se pose pas la question en question, il peut sauter à la suivante. Ou jeter un regard et se dire : ah ! je n'y avais pas songé, mais c'est quand même une question… Ou bien : voilà au moins une question que je ne me poserai jamais, tant mieux… Ou encore : pas possible de (se) poser ce genre de questions et de se compliquer la vie !

Question de talent ou de génie, de métier, de travail ou de passion ?

Convoquer à la barre des témoins quelques peintres et compositeurs enrichit la réflexion, la précise et la nuance. Ce sont tous des noms célèbres, ayant accompli une œuvre en tel ou tel domaine artistique. Le montage de ce bref dialogue au sommet laisse entrevoir l'infinie diversité de la création, et du regard porté sur la chose.

───── **Les créateurs parlent création : à chacun sa vérité** ─────

Le tout, c'est d'avoir du génie à vingt ans et du talent à quatre-vingts.
Camille Corot

Le génie est une longue impatience.
Paul Claudel

Avec le talent, on fait ce qu'on veut. Avec le génie, on fait ce qu'on peut.
Jean Auguste Dominique Ingres

Le talent sans génie est peu de chose. Le génie sans talent n'est rien.
Paul Valéry

Le talent travaille, le génie crée.
Robert Schumann

Il n'y a point de génie sans un grain de folie.
Aristote

Le public est extraordinairement tolérant : il pardonne tout, sauf le génie.
Oscar Wilde

Il ne suffit pas d'avoir du talent, il faut encore se le faire pardonner.
Les frères Goncourt

Sans travail, le talent n'est qu'une sale manie.
Georges Brassens

◦◦◦

*Aujourd'hui, nous avons tous du génie, c'est entendu ;
mais ce qui est sûr, c'est que nous ne savons plus dessiner une main,
et que nous ignorons tout de notre métier.*
Auguste Renoir à Ambroise Vollard (marchand de tableaux)

C'est un métier de faire un livre, comme de faire une pendule.
Jean de la Bruyère

*Faire l'amour comme un devoir, écrire comme un métier,
des deux côtés, néant.*
Paul Léautaud

*L'homme de lettres se dit quelquefois, comme s'il sortait d'un songe :
Ah ! ça, mais je n'ai pas de métier,
il faut pourtant que je me décide à en prendre un !*
Jules Renard

*On s'imaginait que je pouvais écrire par métier comme tous les autres gens de
lettres, alors que je ne sus jamais écrire que par passion.*
Jean-Jacques Rousseau

*J'ai horreur de tous les métiers. Maîtres et ouvriers, tous paysans, ignobles.
La main à plume vaut la main à charrue.*
Arthur Rimbaud

*À Paris, le frère scrofuleux et adultérin de l'art, le métier, couvert d'oripeaux,
étale à tous les yeux sa bourgeoise indolence.*
Hector Berlioz

*Un métier qu'on ignore, ou bien on le croit très facile,
ou bien on l'estime prodigieux. J'ai moi-même sur la conscience
d'avoir tenu à des peintres des discours qui les enrageaient.*
Arthur Honegger

*Il y a dans l'art une partie « métier » qu'il est indispensable de posséder à fond,
lorsqu'on se croit appelé à la carrière artistique.
Mais là où finit le métier, l'art commence.*
Vincent d'Indy

*Il y a toujours, dans la composition d'un roman par un professionnel expérimenté,
une part de métier.*
André Maurois

◦◦◦

*La peinture est le métier le plus long et le plus difficile. Il lui faut l'érudition
comme au compositeur, mais il lui faut aussi l'exécution, comme au violon.*
Eugène Delacroix

Toutes les questions et quelques réponses pour guider l'auteur

Je dessine et je peins par plaisir, par manie, par passion, pour moi-même, pour me donner contentement à moi-même.
Jean Dubuffet

Je travaille avec ardeur, je suis gai, dans un bonheur parfait.
Félix Mendelssohn

L'inspiration première est joie. Le travail se fait douleur. La réussite marque le retour à la joie. Par toile réussie, j'entends une toile qui ne se voit plus, mais donne envie d'en faire d'autres.
André Derain

C'est par la quantité de travail fourni par l'artiste que l'on mesure la valeur d'une œuvre d'art.
Guillaume Apollinaire

À l'origine de toute carrière, il y a un miracle de travail.
Max Jacob

Il y a certes une forme d'humour, le goût du paradoxe, mais aussi une part d'orgueil et de provocation, chez les auteurs. Pourtant, quand on connaît le caractère de Rousseau (et de Berlioz), la vie et l'œuvre de Baudelaire ou de Rimbaud, on peut dire qu'ils sont également sincères dans leur témoignage.

En fait, rien n'est plus intime, plus personnel que ce rapport à la création, et sur ce thème, le titre de la belle pièce de Pirandello convient : À CHACUN SA VÉRITÉ.

Mieux vaut écouter le langage d'une certaine raison, qui n'exclut pas la passion du métier, ni le talent, ni le génie ! Mieux vaut croire la majorité des auteurs pour savoir que l'écriture théâtrale, c'est un travail, et un métier quasi artisanal. Cela vaut pour tous les arts, particulièrement au théâtre où, comme dans la peinture et la musique, il y a des règles – oui, promis, on en reparlera (voir page 133).

Tant mieux si l'on se reconnaît dans tel ou tel témoignage, même le plus « fou ». On est en bonne compagnie. Cela rassure.

Sinon, passons ! On peut fort bien éviter de (se) poser en préalable ce genre de questions ! Suivre simplement sa vocation, « le mal rouge et or » cher à Cocteau… Si l'appel est fort, ne pas résister !

Deux cas extrêmes de vocation : devenir auteur de théâtre, et plus ou moins spécialisé dans un genre – ou écrivain tout terrain, polyvalent, polygraphe, plume à tout faire dans le spectacle et ailleurs, bref, auteur multimédia.

Exemples ? Racine, génie de la tragédie (hormis une comédie, LES PLAIDEURS) ; Courteline, auteur de pièces courtes. Opposés à Hugo, créateur passionné au verbe universel, intellectuel engagé, politique militant ; Cocteau, génial touche-à-tout – le tout englobant ici tous les arts de son temps ! (voir pages 22, 57, 41 et 63).

L'auteur dramatique est souvent un cas particulier – vocation du théâtre plus que de l'écriture en soi. D'où le nombre d'auteurs-acteurs, dans l'histoire.

Molière, exemplaire en cela comme en tant d'autres points, a appris son (double) métier, en treize ans de tournées plus ou moins obscures à travers la France : des petites farces et des échecs de ses débuts à la grande comédie et aux succès des dernières années parisiennes. Au passage, il a compris comment toucher tous les publics. Ce qui est une part de son génie – ça oui, il en a, on peut l'affirmer, avec le recul du temps (voir page 17).

Comment apprendre ?

Écrire est un métier qui s'apprend en écrivant.
Simone de Beauvoir

Comme « c'est en forgeant qu'on devient forgeron », proverbe plein de bon sens populaire. Et même si c'est « le seul métier, avec l'art de gouverner, qu'on ose faire sans l'avoir appris », pour rappeler le mot d'Alphonse Karr.

Si cela s'apprend – et c'est une certitude ! –, où faire cet apprentissage d'un genre particulier ? Plusieurs écoles possibles.

En cours ou classe d'écriture – peu fréquent en France, et pas forcément bien vu. C'est très physique et concret, le théâtre, et le milieu (théâtral) se méfie de la théorie, des « intellectuels ».

Le terrain – on dit même apprendre « sur le tas » –, voici la meilleure école. Encore faut-il y avoir accès ! Et se sentir la vocation. Combien d'auteurs ont en prime la mentalité chef de troupe ? Et monter une troupe est un autre problème !

Faire du théâtre amateur (collège, lycée, université, ou en marge d'une activité professionnelle) est également une bonne école – avant d'être un débouché auquel on ne pense pas assez.

Autre apprentissage qui ne dit pas son nom : lire des pièces.

On en lit peu – parole d'éditeurs ! On n'en lit jamais assez, quand on veut devenir auteur. Pourtant, imagine-t-on un romancier qui ne lirait pas de roman, un poète ignorant la poésie des autres ? Un compositeur sourd à la musique classique et contemporaine, un peintre aveugle aux tableaux des musées ou des galeries d'art !

Lire aussi les mémoires des auteurs, qui content les coulisses de leurs aventures. Relire les préfaces et manifestes du temps pas si lointain où les auteurs expliquaient le pourquoi et le comment d'une pièce, d'une œuvre, d'un style. Même didactique, c'est passionnant. Et plonger dans les histoires ou encyclopédies théâtrales, mines de faits, d'idées, de renseignements : on peut s'y perdre, mais on y trouve toujours quelque chose qui sera plus tard utile.

Enfin, et surtout, aller au théâtre !

Pour le plaisir, naturellement ! En même temps que pour affiner son sens critique, élargir sa palette de sensibilité, partir à la découverte de tous les genres. À la manière des cinéphiles, ces fous de cinéma qui ont appris leur métier (scénariste ou réalisateur) en enchaînant les séances à la cinémathèque ou dans les salles d'art et d'essai. Être spectateur de « tout » au théâtre : classique et contemporain, réussi ou raté. Rebondir sur une idée mal traitée, une pièce mal fichue, c'est un possible point de départ...

Et prendre des leçons chez les classiques qui ont fait leurs preuves.

Quoi de neuf ? Molière !
Sacha Guitry

Oui ! Bonheur de redécouvrir comme c'est bien fait ! Et quelle école de naturel, trois siècles après !

Cela dit, on peut ne pas aimer Molière et être un auteur de génie. Tel Marivaux, insensible à ce genre de comédie (voir page 25). Molière n'était d'ailleurs pas très aimé, ni joué, aux XVIIIe et XIXe siècles, pourtant si amateurs de théâtre.

Faut-il ajouter un dernier (ou premier) préalable : savoir écrire français.

Cela paraît évident ? Ou superflu ! Voir l'avis des professeurs, des parents. Certes, quelques musiciens (interprètes ou compositeurs) ne savent pas déchiffrer, ni *a fortiori* écrire une partition. Mais on imagine mal un auteur sans un minimum de vocabulaire, de grammaire. Un bon dictionnaire est le premier livre à posséder, au cas où… Tous les auteurs ont cet outil de travail à portée de main. Un clic sur l'ordinateur rend aujourd'hui la consultation plus rapide. Encore faut-il cliquer !

Écrire seul – ou sinon, avec qui ?

Voilà une vraie question, si et seulement si on se la pose.

Crainte de la solitude, vertige de la page blanche, besoin d'un « co » – coauteur, coach, confrère ou confident, collaborateur ou compagnon de route, etc.

C'est la règle au cinéma, où l'écriture du scénario répond à une division du travail parfois très poussée – surtout aux États-Unis.

De même dans le théâtre lyrique sous toutes ses formes : opéra, opéra-comique, comédie musicale, etc. Très rare, l'auteur total, tel Wagner tenant à tout prix à écrire son texte au même titre que la musique. L'équipe est de règle pour ces œuvres de collaboration, qui réunissent, par définition, diverses catégories de créateurs : auteurs, compositeurs et chorégraphes. On vise l'art total, avec une place faite aux peintres, décorateurs, costumiers, machinistes, qui participent à ce grand spectacle.

Le théâtre dramatique échappe à cette logique. Sauf au XIXe siècle : l'industrie du spectacle impose sa loi aux professionnels, sur un marché où l'offre doit répondre à la demande, avec une exigence de pièces « bien faites ».

Écrire une pièce en collaboration : un choix, parfois une nécessité

Plusieurs cas de figure, plusieurs situations.

Le plus simple, l'écriture à double plume, en tandem, en société (dit-on au XIXe siècle), avec un co-auteur bien choisi et durable.

On cite toujours Meilhac et Halévy (voir page 51), librettistes vedettes de la star Offenbach, de Flers et Caillavet – à la mort de son complice, de Flers fait équipe avec de Croisset. Les frères Goncourt (Edmond et Jules) écrivent aussi pour le théâtre, les frères Cogniard sont spécialistes d'un genre à la mode, la féerie. Autres tandems bien rodés, Barbier et Carré, librettistes de FAUST, ROMÉO ET JULIETTE de Gounod, entre autres opéras-comiques ; Hennequin et Veber (Pierre), duettistes de boulevard. Plus contemporains, Barillet et Grédy, Bricaire et Lasaygue, Bacri et Jaoui (qui font également couple à la ville).

Dans l'équipe, la notoriété de l'un occulte souvent le nom de l'autre : Dumas (père) et Maquet, Labiche et Michel, Scribe et Legouvé, Eugène Sue et Dinaux, Pixérécourt et Brazier. Le second est vraiment dans l'ombre. Et parfois, le « nègre » se révolte, fait un procès : Maquet contre Dumas.

L'écriture en équipe, au-delà du couple, est plus rare. Sauf au XIXe siècle, et c'est logique : l'industrie du spectacle multiplie les montages, exige la « pièce bien faite » – et vite faite, dans tous les genres à succès : comédie, opérette, revue de music-hall.

Sur ce marché où l'offre peine à satisfaire la demande, on pousse à l'extrême la division du travail, dans l'usine d'écriture : adaptateurs, charpentiers, carcassiers, ficeliers professionnels s'attaquent aux textes.

C'est une décadence complète, la manufacture envahit tout, une pièce se fabrique comme un habit.
Théophile Gautier

Parole de romantique aux antipodes de ces mœurs théâtrales, en 1838.

On reproche à Dumas le nombre de ses collaborateurs. Il répond par un mot d'auteur : « Napoléon avait bien ses généraux ! » Certes ! Mais on n'imagine pas son confrère Hugo avec un coauteur !

Pougin enregistre (dans son Dictionnaire théâtral de 1885) : 28 auteurs à l'affiche d'une revue aux Délassements-Comiques (LES MOUTONS DE PANURGE, 1853) et 36 pour une autre, aux Variétés (LA TOUR DE BABEL, 1854). Dont Dumas père, les frères Cogniard, Anicet-Bourgeois.

Le système perdure, au début du XXe siècle. Quinson, directeur fortuné de salles du boulevard et producteur, livre son secret de fabrication : « Comment je travaille ? C'est simple. Lorsque j'ai une idée, je fais venir Mouëzy-Eon et je lui dis : Mon vieux, j'ai une idée. Il fait un scénario. Le scénario est remis à nos 18 employés. Chacun fait sa pièce. Mes 18 auteurs lisent leur manuscrit. Je choisis. On collationne et Pierre Veber recopie le tout. C'est pas plus difficile que ça. » Et voilà le travail ! En moins artisanal, donc plus industriel, cinéma et télévision procéderont de même.

Ces ateliers d'écriture engendrent rarement des chefs-d'œuvre, au théâtre. La formule fut lancée par Richelieu, qui réunit les Cinq Auteurs : Boisrobert, Colletet, L'Estoile, Rotrou et Corneille. Des noms de talent, et un génie. Il en résulte trois œuvres mineures. Et Corneille a vite repris sa liberté. Quant à PSYCHÉ (Molière et Cie), difficile de rater son coup avec la « dream-team » du siècle, et le financement royal ! Mais chacun des noms à l'affiche a fait mieux avant, ou après.

L'écriture collective : un nouveau souffle au XXe siècle ?

La formule reparaît, pour des raisons généreuses : donner la parole à ceux qui ne l'ont pas, non professionnels, ouvriers. Ce sont des expériences. Mais rien ne reste au répertoire. Deux exceptions confirment la règle.

La création collective : Grotowski, avec son Théâtre Laboratoire, et le Living Theatre, autre groupe expérimental, donnent l'exemple, après Mai 68. La troupe improvise au fur et à mesure des répétitions et le spectacle s'élabore ainsi. Le Théâtre du Soleil d'Ariane Mnouchkine (voir page 74) et le Magic Circus de Savary (voir page 80) s'illustrent plusieurs fois dans le genre, mais il y a un maître à bord. Et très peu de créations de ce type dépassent le stade de l'exercice pédagogique (travail d'acteurs) pour donner des œuvres.

Autre exemple : le café-théâtre. Sur quelque 4 000 spectacles créés dans les années 1960-1970, la troupe du Splendid réussit un coup, avec LE PÈRE NOËL EST UNE ORDURE, en 1979. Tous les noms de la bande d'acteurs-auteurs à l'affiche sont devenus vedettes, cinéma aidant. Mais le but de ces équipes, souvent amateurs, était de jouer plus que de créer. Et peu de pièces sont reprises, hors leur contexte originel.

La coécriture en duo est rare. Mais deux talents peuvent se compléter. Par exemple, l'un construit, l'autre dialogue ; ou l'un imagine dans l'élan et l'autre exerce son sens critique ; à moins que les deux fonctionnent en couple et se relancent à tour de rôle.

La création collective existe : en atelier, en équipe. Cela reste l'exception et laisse peu d'œuvres au répertoire.

Quant à l'auteur de troupe, ce fut la règle, aussi longtemps que le théâtre a fonctionné en troupe – structure bénéfique aux auteurs comme aux acteurs (voir page 15), après Shakespeare (voir page 12) et avant Molière (voir page 17), et tant d'autres.

Même l'œuvre de Marivaux ressort de cette alchimie avec les Italiens de Paris (voir page 25). L'auteur n'écrit pas « avec », mais « pour » les membres de la troupe : il adapte, corrige, coupe, réécrit au fur et à mesure des répétitions, des représentations, des reprises éventuelles. Belle et grande école !

La troupe (professionnelle) n'existe pratiquement plus en France, mais un auteur peut être éventuellement intégré, associé à un lieu, dans le secteur public et subventionné pour ce genre d'expérience. Cela reste un cas très particulier d'écriture, et même de vocation.

L'auteur de théâtre est donc le plus souvent solitaire.

Cela n'exclut pas les rencontres, au contraire ! (voir page 169). Même si l'écriture est un acte solitaire, le théâtre est un art collectif et tôt ou tard, l'auteur est confronté aux autres – sinon, il faut écrire de la poésie, des romans.

De toute manière, si la pièce se monte, le metteur en scène, même sans être coauteur, pousse à corriger, couper (le plus souvent).

Pourquoi écrire ?

Bonne question ! Avant de passer à l'acte, il peut être utile d'analyser ce désir, de préciser cette fameuse vocation. Un peu comme avant de faire un enfant. Naturellement, on peut aussi créer – œuvre ou enfant – sans se demander pourquoi.

Les raisons ou les exemples donnés par d'illustres auteurs de théâtre peuvent quand même être un encouragement.

Tous les motifs sont bons, mais il en faut au moins un ! Un ou deux, ou trois. Pas dix à la fois, ça risque de faire brouillon. Écrire, c'est choisir.

Le choix est grand !

On peut donc écrire pour exposer ses idées politiques ou sociales (Beaumarchais, Sartre), changer le monde en révolutionnaire (Brecht), mettre en scène sa vie privée (Molière, Guitry), critiquer une classe (Labiche, comme Anouilh, contre sa classe bourgeoise), dénoncer des ridicules ou des abus (Molière avec le TARTUFFE, LES FEMMES SAVANTES, LES PRÉCIEUSES RIDICULES..., Lesage avec TURCARET, Beaumarchais avec LE MARIAGE DE FIGARO), raconter une histoire (tous les auteurs de mélos ou de vaudevilles), faire rire (le vaudeville), faire pleurer (le mélo), plaire (Molière), divertir le public de son temps (Offenbach, avec ses librettistes sous surveillance), exprimer son angoisse de la mort (Ionesco), le sens du tragique (Racine), ses obsessions érotiques (Arrabal), son mal de vivre (les romantiques, Koltès...), braver la censure (que de chefs-d'œuvre en sont nés !), faire scandale (il en est de programmés, mais de moins en moins), révolutionner la scène de son temps (Hugo, exprimant ses intentions dans la PRÉFACE DE CROMWELL).

On peut écrire par passion de la scène (Corneille). On en revient à la vocation.

On peut aussi écrire pour l'amour d'un acteur ou d'une actrice, ou pour s'écrire un rôle ! On en reparlera (voir page 140).

On peut vouloir écrire, attiré par la scène et faute de savoir jouer. Nombre d'auteurs ont hésité avant de choisir – ou de ne pas choisir et de cumuler les deux métiers.

On peut écrire, aujourd'hui encore, parce que le théâtre reste une tribune, un espace de liberté, et que le feu des projecteurs attire toujours.

Écrire pour l'argent, la gloire ? Motif avoué, voire proclamé jadis par des poètes, des romanciers, comme par les auteurs dramatiques dont le sort est jugé plus enviable – fortune et célébrité en un soir... C'est une loterie, où les appelés sont infiniment plus nombreux que les élus. Ce n'est pas une raison pour ne pas écrire ! Au contraire, un auteur de théâtre est peu ou prou joueur.

Existe-t-il des lois, recettes, règles, ficelles, etc. ?

Au passage, éviter « corde », mot tabou dans le milieu – cette superstition a une raison historique. Les machinistes étaient souvent d'anciens marins, rompus au maniement de lourdes machines et insensibles au vertige, dans les cintres. Or, la corde, sur un navire, servait à pendre le condamné reconnu criminel.

Oui, il y a des lois, recettes, règles, ficelles, trucs, secrets de fabrication, etc.

Ceux qui le contestent doivent concéder une part de technique, qui renvoie à l'idée de métier. Cela vaut au théâtre comme dans la peinture, la musique, la chanson, et plus évidemment que dans le roman ou la poésie, genres d'expression plus libres. Si cela ne donne pas du génie, cela aide à exprimer son talent.

Beaucoup de manuscrits qui ont « quelque chose » seraient des pièces jouables, si seulement certaines règles du jeu avaient été respectées.

Mais qui connaît vraiment les lois, règles, etc. ?
Parfois le metteur en scène, d'où l'importance de cette rencontre pour l'auteur. Que serait Giraudoux sans Jouvet ? Un romancier, mais pas un auteur de théâtre (voir page 60). Et Françoise Sagan, qui n'avait besoin de personne pour écrire son premier roman à 18 ans, mais besoin de Barsacq, metteur en scène et directeur de l'Atelier, pour devenir un bon auteur de théâtre. Et Claudel qui change son texte en assistant aux répétitions du SOULIER DE SATIN, aux côtés de Barrault (voir page 59). Oui. Même lui, le plus génial ou le plus orgueilleux des auteurs dramatiques a cette humilité :

Charpentier, j'aurais mis la même conscience à bien raboter une planche que celle qu'en écrivant je mets à bien écrire.
Paul Claudel

Ensuite, tous les bons faiseurs – le mot n'est pas une insulte ! La pièce bien faite n'est pas à mépriser. Elle a connu son heure de gloire (au XIXe siècle), et si on les analyse, que de chefs-d'œuvre sont – en plus – bien faits !

Première loi non écrite, mais de bon sens, loi naturelle bien connue des faiseurs et d'autres, quoique souvent oubliée de nos jours : le théâtre est action, intrigue, coup de théâtre et rebondissements divers, plutôt que récit, psychologie, explication.

Aristote, premier théoricien du théâtre auquel tous les Classiques vont se référer, l'a dit avec raison, et préféré en cela Sophocle (la tragédie) à Homère (l'épopée). Naturellement, on ne lit plus Aristote. Mais on joue Shakespeare. Alors, voyez maître William qui n'écoute que son extraordinaire instinct dramatique. D'acte en acte, de scène en scène, à tout instant, il se passe quelque chose dans ses pièces. Sans compter le nombre de morts accumulés ! Il fallait retenir l'attention d'un public populaire, debout ou mal assis, dans un inconfort de salle qui impose à la scène une action d'autant plus passionnante, trépidante.

Les farces et les mélos, le théâtre romantique et même le théâtre bourgeois des origines (XIXe siècle) respectent cette loi naturelle. Voilà pourquoi toutes les pièces bien bâties étaient si vite adaptées pour devenir opéras, et films dès la naissance du cinéma, encore muet.

Certains genres sont dès l'origine très réglés, et s'affichent comme tels.

Le théâtre classique français, celui du Grand Siècle, soumis à la fameuse règle des trois unités ô combien contraignante : cela correspond à la première grande époque du théâtre en France.

Il y a aussi le vaudeville (voir page 119), perfectionné par Labiche et surtout théorisé par le maître du genre, Feydeau. Imité, mais inégalé.

Et le mélo première manière – premier degré. Celui qui fait pleurer Margot et rend le traître ou le méchant si odieux que l'acteur en subissait les retombées, à la sortie des artistes où le public l'attendait pour exprimer sa haine !

Et le Grand-Guignol qui eut son heure de gloire ! (voir page 84). Et la pièce policière, totalement passée de mode.

Le « boulevard » toujours vivant a aussi ses lois, mais avec tant de variantes qu'on ne sait plus, parfois, de quoi et qui on parle (voir page 96).

On peut comparer ces genres théâtraux aux films de genre : film noir, film d'animation, film catastrophe, fantastique, anticipation, western, péplum, suspense, *road-movie*, etc.

Ajoutons que le respect des lois n'est pas la servilité – même à l'époque classique où l'Académie veillait. LE CID a bousculé les règles et les théoriciens, mais tellement séduit le public ! La Querelle des Anciens contre les Modernes a ensuite rebondi de génération en génération. Tous les arts l'ont vécue, sous telle ou telle forme plus ou moins violente – la musique n'adoucit pas les mœurs et on a cassé beaucoup de fauteuils, à l'Opéra.

Se moquer des règles peut générer des œuvres majeures du répertoire : ainsi, le théâtre romantique du XIXe, en réaction au théâtre classique corseté, et le théâtre de l'absurde des années 1950, sans logique théâtrale au sens strict, s'affichant justement comme un anti-théâtre. Mais c'est un anti-modèle.

Mieux vaut écouter un maître à écrire :

L'art vit de contraintes et meurt de liberté.
André Gide

Le fond et la forme

Autrement dit, le sujet et la manière de le traiter – ton, style.

Il faut distinguer les deux, mais pas obsessionnellement. Ce n'est pas une question de cours, ni un devoir universitaire ! Malgré tout, et plus ou moins consciemment, un auteur de théâtre s'interroge, avant, pendant ou après… Mieux vaut avant, répétons-le.

Première évidence, rassurante, valable au théâtre comme dans tous les arts plusieurs fois centenaires : tout a déjà été fait, tout peut l'être à nouveau. Comme en physique, rappelons la célèbre formule :

Rien ne se perd, rien ne se crée, tout se transforme.
Antoine Lavoisier

Donc, tous les sujets sont bons, si l'auteur le décide : fresque historique, dialogue entre grands hommes, vie plus ou moins réécrite d'un personnage plus ou moins célèbre, propos philosophique, satire sociale et politique, anticipation (peu exploitée), trio amoureux (surexploité), etc.

Il est naturellement possible de marier plusieurs sujets, par exemple les quatre derniers : un robot amoureux (scientifiquement annoncé en 2008 pour les années 2050) renouvelle le fameux trio, relance la satire de notre temps et débouche sur une mise en abyme philosophique.

On peut prendre un sujet ou simplement un personnage historique – de la grande ou la petite histoire – et tout changer.

Il est permis de violer l'histoire, à condition de lui faire un enfant.
Alexandre Dumas

Dumas use de ce procédé en virtuose, dans ses pièces comme dans ses romans, et revendique le procédé.

Autre exemple célèbre, Rostand et CYRANO DE BERGERAC. Le vrai Cyrano, poète burlesque et philosophe du XVIIe siècle, n'est pas gascon, ni amoureux de sa cousine, ni affligé d'un long nez…

L'auteur réplique à un détracteur :

Soyez convaincu, Monsieur, qu'il n'y a pas un anachronisme que je ne connaisse parfaitement. Un poète ne met jamais rien au hasard et n'est inexact que lorsqu'il veut.
Edmond Rostand

Oui, tout peut passer, à une condition : que la forme soit adaptée au sujet et touche le public. Plus qu'ailleurs, cela fait loi au théâtre, art vivant, éphémère, en prise directe avec son temps.

C'est plus qu'une question de mode ! L'époque a le spectacle qu'elle mérite, le public choisit, l'air du temps propose ou impose... Le talent s'adapte.

Aujourd'hui, et c'est sans doute une tendance longue à venir : spectacles musicaux (plateaux lourds), formes courtes (sketches, *one-man shows*), et le rire sous toutes ses formes – ça, c'est une constante. Voir les grands succès, d'une saison sur l'autre. On reviendra sur les atouts gagnants d'une pièce (voir page 150).

Le talent s'adapte, oui, mais... le génie va à contre-courant. Chiche !
À la limite, une belle pièce en vers pourrait passer – pas fatalement en alexandrins ! Et où sont aujourd'hui les auteurs de tragédies, pour rendre compte des tragédies de notre temps ?

Il faut seulement un sacré talent pour imposer ça. Et un certain culot. Courage !

Acte 2 – Questions préalables à l'écriture d'une pièce

L'auteur a donc opté pour le théâtre et il a une idée du sujet ou du genre qu'il va traiter. De nouveau, une foule de questions se posent. Faisons le point.

La part de la technologie, plus ou moins importante

C'est fonction du sujet choisi. Mais le même sujet peut être traité différemment. C'est donc une question à se poser, avant d'écrire.
La même pièce, une fois écrite, pourra d'ailleurs être montée à l'économie ou mise en scène avec une débauche de moyens... qui peuvent noyer le propos, écraser le sujet. Cela s'est vu, avec quelques metteurs en scène mégalos ayant les moyens de leur vision panora-

mique et pharaonique, surtout dans le secteur public. Donc, prudence… Comme les effets spéciaux au cinéma, point trop n'en faut.

En France, une double tentation existe, plus nette qu'en d'autres pays et apparemment paradoxale dans sa contradiction.

Il y a incontestablement une fascination récurrente pour le « grand spectacle », depuis les origines médiévales jusqu'à nos jours (voir pages 108 et 110). Le public adore ça. C'est donc un atout… Mais un handicap, au montage, si le coût de la production devient trop lourd, surtout dans le secteur privé. Les moyens actuels, lumière et son, projections vidéo et irruption du virtuel, permettent (presque) tout, mais sont extrêmement onéreux. Cette dérive scénique est un vrai danger. Jamais le théâtre ne pourra rivaliser avec le cinéma, malgré le défi lancé par Robert Hossein, « faire du théâtre comme au cinéma » !

À l'opposé, les partisans du « beau texte », d'un théâtre littéraire où l'auteur a la part belle – comme dans le « cinéma d'auteur ». C'est le tréteau nu du Vieux-Colombier, sous le signe de Jacques Copeau, le décor et les accessoires réduits à l'essentiel, sur la vaste scène du TNP de Jean Vilar, ou le pari esthétique du théâtre pauvre, prôné par Grotowski et ses adeptes.

Entre ces deux extrêmes, toutes les options possibles.

Fait rarement signalé, la grande époque de création du théâtre français – génération des Corneille, Racine, Molière et Lully – a correspondu aux pires conditions techniques : éclairage aux chandelles et fumée jusque dans la salle, spectateurs « privilégiés » installés sur scène et gênant les acteurs, public debout au parterre, bruyant et remuant, très mauvaise sonorisation.

Alors qu'aujourd'hui, la technologie la plus perfectionnée n'engendre pas une génération dramatique exceptionnelle, ni même beaucoup de chefs-d'œuvre.

Écrire pour un ou 20 personnages

Vraie question préalable ! Là encore, ça dépend du sujet, et là encore, le même sujet peut être traité avec une distribution pléthorique ou réduite.

À la limite, un seul acteur peut incarner tous les rôles.

Mais rien n'est plus difficile à écrire (et jouer) qu'une pièce à un personnage ! Cocteau a fait deux petits miracles avec LA VOIX HUMAINE (et le téléphone en accessoire numéro un) et LE BEL INDIFFÉRENT (un second personnage est en scène, muet). Beckett a réussi un chef-d'œuvre : OH ! LES BEAUX JOURS (même parenthèse). Jean Vauthier, LE PERSONNAGE COMBATTANT (idem). Et Éric-Emmanuel Schmitt : OSCAR ET LA DAME ROSE. Deux autres réussites dans le répertoire étranger : MADAME MARGUERITE et LA CONTREBASSE.

Le pari est rarement tenu – hormis le cas du *one-man show*, qui relève d'une autre logique (voir page 113).

Maîtriser un grand nombre de personnages est également périlleux ! On sacrifie les personnages secondaires, on crée des rôles purement fonctionnels et sans intérêt. N'est pas Shakespeare qui veut. Il écrivait d'ailleurs pour une troupe, comme Molière, il fallait donner un rôle à tous les membres de la « famille ». Cela explique les distributions généreuses, jusqu'au XXe siècle – disparition des troupes à l'année, attachées à un théâtre.

Rappelons par ailleurs que plus le plateau est lourd, plus la pièce sera difficile à monter, surtout dans les théâtres privés (peu ou pas subventionnés). Alors que la censure (politique, morale) a pratiquement disparu, l'autocensure d'ordre financier est de rigueur, chez les auteurs qui ont de l'expérience... D'où les distributions beaucoup plus légères. Un auteur de théâtre qui espère être monté ne doit pas oublier ces préoccupations matérielles.

Disons, en gros, qu'une comédie, pour avoir toutes ses chances d'être jouée aujourd'hui à Paris, a entre trois et cinq personnages.

La contrainte n'est pas si terrible ! Cela correspond justement au cas de figure le plus simple, au stade de l'écriture.

Écrire sur mesure pour tel ou telle interprète

La Muse a beaucoup inspiré le créateur, grands auteurs, bons faiseurs et autres plumes. Des chefs-d'œuvre en sont nés.

Cas célèbres : la Champmeslé-Racine, Silvia-Marivaux, Frédérick Lemaître-Hugo et Dumas, Guitry père et ses femmes-Sacha Guitry, Coquelin-Rostand pour CYRANO DE BERGERAC, Sarah Bernhardt-Rostand pour L'AIGLON, Réjane-Victorien Sardou pour MADAME SANS-GÊNE, Jouvet-Giraudoux, Marais-Cocteau, Raimu-Pagnol…

Sarah Bernhardt.

Plus près de nous, il y a toujours la tête d'affiche, l'acteur populaire : Popesco-Roussin, Maillan-Mithois, Belmondo et Delon et Danielle Darrieux-Schmitt, Isabelle Huppert-Yasmina Reza, etc.

Il ne faut pas (trop) rêver. Un auteur inconnu qui écrit pour une vedette de la scène a peu de chance de toucher l'élu(e). Mais tout peut arriver au théâtre – c'est même l'un des charmes du milieu. Et si ça donne des ailes à l'imagination et du poids aux dialogues de l'auteur…

Dans la même logique poussée à l'absurde, pourquoi ne pas écrire en rêvant à Marilyn ou Charlot !? Prenez vos stars préférées, le choix est infini, l'affiche est somptueuse et ça ne coûte pas plus cher.

Certes, on ne les aura pas ! Du moins aura-t-on écrit avec plaisir, et sûrement des rôles pas banals. C'est déjà ça de gagné.

Écrire pour soi ?

Acteur, cas particulier du « second métier » auquel presque tout auteur doit recourir, du moins au début de sa vie.

Auteur-acteur, cette association de talents a fait ses preuves, depuis Molière et bien avant, jusqu'à Guitry et au-delà. La tradition se perpétue, alors même que les deux métiers acquièrent leur autonomie, au début du XVIIIe siècle. Cela prouve à quel point ce cumul est dans la nature du fait théâtral.

Mais a-t-on cette vocation-là, cet autre talent, certes complémentaire, mais ô combien différent ? À chacun de juger !

Le cas est fréquent pour les sketches, les *one-man* (ou *woman*) *shows*. L'identification est presque naturelle entre l'écrit et la parole, la pensée et le jeu.

Autre cas, inverse, mais qui revient finalement au même : l'acteur, l'actrice qui devient auteur. On se met à l'écriture parce qu'on ne trouve pas de (bon) texte, ou qu'on ne vous en propose pas. Cette catégorie d'auteurs a déjà une expérience du métier. Il s'est posé bien des questions. Et ça continue…

Dans la chanson, le cumul est fréquent : phénomène bien connu des ACI (auteurs-compositeurs-interprètes). Cela a donné le meilleur de la chanson française. Les Trénet, Brassens, Barbara, Ferré… et combien d'autres ! Il y a aussi tous les cas où ça ne marche pas. Ceux que l'on connaît, et ceux qui ne sont même pas arrivés au bout du projet artistique.

Créer en autarcie, être juge et partie, c'est la liberté ou la solitude, la solution ou l'impasse.

Bref ! Il n'y a pas de réponse unique à cette question, et moins encore de loi. C'est vraiment le cas par cas.

L'adaptation d'un texte préexistant

Faute d'une idée originale, d'un sujet qui s'impose, on peut vouloir porter sur scène un chef-d'œuvre connu ou une œuvre mineure, méconnue…

Choix infini, et semble-t-il très tentant : correspondance (lettres), nouvelle, film, bande dessinée… Tout peut faire spectacle, et l'on peut faire pièce de tout. C'était une idée chère à Antoine Vitez : « faire théâtre de tout ».

Le mariage le plus fréquent est l'adaptation du roman au théâtre.

La pratique remonte au XVIIe, donc depuis que le roman existe – genre très jeune, au regard des mythiques origines du théâtre. TIMOCRATE, le triomphe du siècle signé Thomas Corneille (le frère du grand), est une double adaptation, d'une pièce et d'un roman.

Le XIXe siècle systématise le procédé, pour plusieurs raisons. Il faut satisfaire la demande du public et les besoins de l'industrie du spectacle. Les auteurs dramatiques vont chercher des idées chez leurs talentueux confrères romanciers.

Cela commence avec le mélodrame, nourri du roman noir, à la mode sous la Révolution et l'Empire. Pixérécourt (voir page 35), père et maître du genre, va y puiser personnages et intrigues.

C'est ensuite le temps des grands romanciers et feuilletonistes, qui tentent presque tous le passage à la scène, source de droits importants et façon de toucher un grand public. Ça passe ou ça ne passe pas : échec retentissant de Balzac (voir page 47), rêve brisé de Flaubert et Stendhal, réussite commerciale de George Sand, slalom virtuose, constant et rentable de Dumas père, qui exploite de toutes les manières son génie créateur (voir page 42). Dumas fils écrit le roman de LA DAME AUX CAMÉLIAS, puis le transcrit pour le théâtre : ce triomphe décide de sa carrière dramatique (voir page 46). LE TOUR DU MONDE EN 80 JOURS, roman à succès de Jules Verne, triomphe dès la saison suivante, adapté par d'Ennery en grand spectacle. On va jusqu'à parler de « romanédie » ou drame romanesque.

Zola, grand romancier naturaliste, a échoué à plusieurs reprises au théâtre et continue de se passionner, comme critique dramatique. L'ASSOMMOIR, adapté par un habile « ficelier » (Busnach), devient un succès populaire. Et le Théâtre-Libre d'Antoine donnera une nouvelle raison à Zola de passer à la scène.

Très vite, les metteurs en scène se font eux-mêmes adaptateurs : Copeau (et Croué) pour LES FRÈRES KARAMAZOV, foisonnant roman de Dostoïevski, Baty (tout seul) pour MADAME BOVARY de Flaubert. Barrault adaptera et montera beaucoup de textes romanesques, du début à la fin de sa carrière : Faulkner, Kafka, Rabelais, Nietzsche.

Peter Brook, avec son adaptateur Jean-Claude Carrière, porte à la scène textes, légendes et mythes du monde entier, dont le célèbre MAHABHARATA.

Fabrice Luchini a découvert le bonheur d'être seul en scène avec La Fontaine, Nietzsche, Céline, et d'inviter un public très amateur de grands textes à partager ces univers devenus théâtraux par son talent d'acteur adaptateur. Jacques Sereys a réussi le même pari un peu fou avec Proust – alors que le cinéma a échoué. Preuve que le talent n'est heureusement pas proportionnel aux moyens dont on dispose.

Hugo, romancier, est une mine inépuisable pour les adaptateurs, y compris en spectacle musical : LES MISÉRABLES, NOTRE-DAME DE PARIS.

Imaginons ce que l'on pourrait faire en prenant par exemple un personnage ou un couple : Esméralda-Quasimodo, Fantine-Jean Valjean, Marius-Cosette, ou simplement Gavroche... Et on les relance dans une aventure plus ou moins fidèle à l'esprit de leur créateur. C'est déjà une fameuse rampe de lancement !

Trop d'adaptations nuisent sans doute à la création vraiment originale et contemporaine. Mais l'originalité fait ses preuves où elle veut, comme elle peut.

Signalons une variante : la réécriture pour moderniser, dépoussiérer. Exhumation, ou résurrection ? Viol ou respect ?

Il y a le cas très réussi d'un auteur (Jean Poiret) se mettant au service d'un autre (Feydeau) pour tailler et surtout retailler sur mesure pour un acteur (Pierre Arditi) une pièce mise en scène par Bernard Murat, qui va faire une nouvelle carrière et porter chance à tous les noms cités : TAILLEUR POUR DAMES en 1985. Repris depuis la « re-création » et diffusé en direct à la télévision, en mai 2008.

Ce genre d'adaptation est plus souvent affaire de metteur en scène : Savary « relooke » systématiquement Offenbach, quand il dirige l'Opéra-comique. Et Planchon réécrit en partie L'AVARE. Offenbach a déjà bien pratiqué le pastiche et la parodie, Molière de son côté en a vu et en verra d'autres...

Dans l'immensité du répertoire qui n'est plus joué parce qu'injouable, un auteur doit pouvoir chercher et trouver quelques coups à faire. Il y faut une forme de talent particulier.

Un conseil préalable : s'assurer que l'œuvre est « libre » – libre de droits.

Plagiat, copie, imitation et autres formes d'inspiration

> *Le plagiat est la base de toutes les littératures,*
> *excepté la première, qui est d'ailleurs inconnue.*
> Jean Giraudoux

Façon de dire, de redire : « Rien ne se crée, rien ne se perd… », tout se recycle et se renouvelle. S'inspirer d'une œuvre préexistante est une pratique courante, commune à tous les arts. De la fidélité absolue à la recréation totale, l'histoire du spectacle a multiplié les exemples à l'infini.

Certes, le plagiat est illégal, donc à déconseiller. Mais…

Le passé abonde en vrais ou faux plagiats, et petits ou grands scandales.

Le plus célèbre, en rapport avec le génie de l'œuvre et son triomphe, c'est LE CID. Une Querelle s'ensuit (avec majuscule), les pamphlets se déchaînent : une affaire à défrayer la chronique et mobiliser la toute jeune Académie française, sommée par Richelieu de trancher – oui, c'est presque une affaire d'État. L'Académie se prononce sur le style – une tragi-comédie peu « académique », certes, le genre est nouveau. Mais difficile de condamner ce que le public adore ! Les confrères ennemis et jaloux du jeune dramaturge n'en démordent pas : il a plagié – on dit alors « pillé » – Guillen de Castro. Disons qu'il a emprunté des éléments à sa *comedia* – LAS MACEDADES DEL CID (LES ENFANCES DU CID).

Le répertoire espagnol du Siècle d'or va bel et bien inspirer les auteurs français. Molière doit le thème des FEMMES SAVANTES à Calderon. Et le personnage de Don Juan, lancé (sinon créé) par Tirso de Molina (vers 1625), fait la conquête de l'Europe, au point que trois versions se jouent à Paris dans les années 1660, le plus illustre étant le Dom Juan signé Molière.

Pour résumer, la frontière est floue entre le mal et le bien : le plagiat et toutes les autres façons de prendre modèle sur une œuvre, pour s'en inspirer.

Petite histoire vraie – comme tout ce qui est conté dans ces pages – et qui résume tous les cas de figure. Au siècle suivant, Voltaire, premier auteur dramatique des Lumières, vit un bref exil en Angleterre, et découvre Shakespeare sur scène – passé de mode dans son propre pays, acquis au modèle classique français et à la tragédie racinienne.

De retour, il ose clamer et publier son admiration, dans les Lettres philosophiques. Énorme scandale – le livre est brûlé à Paris. Et stupeur en Europe : il semble inadmissible, à l'époque, de comparer la France à l'Angleterre, pour donner l'avantage à cette dernière.

Toujours admirateur, Voltaire écrit des tragédies inspirées du génie anglais. Pour La Mort de César, le voici accusé de plagiat – sur Jules César. Furieux, soucieux de démentir, il entreprend la traduction (il n'en existe pas) et, dans ses commentaires, démolit soudain ce qu'il a encensé ! Le voilà désormais l'ennemi acharné de Shakespeare, traité de « sauvage ivre » (préface de Sémiramis). Trop tard. On connaît le nom, la réputation. Et Shakespeare commence une belle carrière en France.

L'histoire a une suite. Les premières adaptations en vers, signées Ducis, ont les honneurs de la Comédie-Française, seule scène autorisée à jouer drame et tragédie. Mais Ducis, qui ignore d'ailleurs la langue de Shakespeare, met le dramaturge anglais au goût français, gomme la barbarie et multiplie les *happy ends*. Ainsi, son Hamlet ne rencontre ni fantôme, ni fossoyeur, et ne meurt pas. Roméo et Juliette se marient au lieu de se suicider, Desdémone n'est plus étouffée sous l'oreiller du jaloux Othello, et Le Roi Lear remonte sur le trône, tandis que sa fille Cordélia, elle aussi sauvée de la mort, se marie... Bref, tout finit bien.

On ne peut plus parler de traduction, pas même d'adaptation. Plutôt trahison, ou *rewriting*. Sinon parodie involontaire ! Disons plutôt : très librement inspiré de… On se demande si le plagiat n'est pas moins choquant !

Le répertoire théâtral offre un panorama étonnant de toutes les manières de prendre modèle – imitation ou tradition, démarquage ou héritage. Si seulement cela pouvait inspirer, aujourd'hui encore, ou peut-être demain…
Donnons deux pistes aux amateurs.

Les mythes grecs ou latins, famille nombreuse et dramatique, peuvent être sans fin repris, détournés, actualisés. Cocteau, Giraudoux, Anouilh en ont fait des pièces toujours jouées (voir pages 63, 60, 67). On peut aller directement aux sources antiques, sinon se contenter de versions classiques, voire contemporaines. Et se lancer à son tour dans une nouvelle version d'AMPHITRYON, ANTIGONE, ÉLECTRE, ŒDIPE, etc.
Les mythes contemporains sont plus rares. Il y a FAUST, légende allemande du XVIe siècle, reprise par Marlowe, génial précurseur de Shakespeare, puis Goethe : dix ans de travail, deux versions, 12 000 vers. Tous les arts, même la littérature pour enfants et la bande dessinée, se sont inspirés du docteur Faust signant un pacte avec le diable à qui il vend son âme, pour assouvir son désir de jouissance (et sa curiosité intellectuelle). Le XXIe siècle doit continuer sur cette lancée créatrice et s'approprier une nouvelle version !
Don Juan, né Ténorio dans une CHRONIQUE DE SÉVILLE, devient personnage de théâtre sous la plume d'un moine auteur, Tirso de Molina, qui serait sans doute surpris de la fortune dramatique de son infortuné héros. DON GIOVANNI de Mozart et Da Ponte (librettiste et abbé) est l'un des opéras cultes du répertoire lyrique.
Don Juan, comme Faust, n'en finit pas de revivre et d'inspirer les créateurs qui en donnent une version chaque fois différente : la force du mythe est de se renouveler à chaque génération.
Mieux encore, créer un mythe est un défi à relever. Il y faut une forme de talent qui confine au génie. Quel beau pari à relever !

Dans un genre plus léger, il y a le pastiche (imitation du style d'un autre) et la parodie (imitation d'une œuvre sérieuse, dans un style burlesque ou satirique). Dès l'Antiquité, Aristophane parodie Eschyle et Euripide – et ça marche.

Du XVIIe au XIXe siècle, on mesure le succès d'une œuvre au nombre de ses parodies. À cette aune et à deux siècles de distance, LE CID et LA DAME AUX CAMÉLIAS sont deux triomphes. Parfois, la parodie a plus de succès que l'œuvre originale et la raison est simple : l'une fait rire, l'autre ennuie.

Au XVIIIe siècle, l'opéra-comique est né à la foire en parodiant les opéras à succès (voir pages 28 et 29). Offenbach en fera sa spécialité au siècle suivant, aidé par le talent de ses librettistes qui changent les héros mythologiques en fantoches, dans ses opéras bouffes : ORPHÉE AUX ENFERS, LA BELLE HÉLÈNE.

Jacques Offenbach, par Nadar.

La parodie donna lieu à des interdictions au XVIIIe siècle et à quelques retentissants procès au XIXe. Même Guignol, la marionnette, eut les honneurs de cette censure !

Pastiche et parodie se retrouvent aujourd'hui, en liberté quasi absolue, chez les imitateurs, ou dans des sketches. Pourquoi pas dans des pièces ? Le temps est à la dérision, cette forme d'humour a ses chances !

Conclusion ? Pas ou très peu de danger : les cas de plagiats (jugés comme tels et condamnés) sont exceptionnels, la censure n'existe pratiquement plus. L'auteur qui le veut peut donc s'inspirer de tout en toute liberté ou presque. C'est l'un des chemins de la création, au théâtre comme ailleurs.

Le risque inverse est bien plus grand, de nos jours : méconnaissance du répertoire, manque de curiosité pour le passé, avec l'illusion de pouvoir créer *ex nihilo*.

Le public, les publics : y penser ou pas en écrivant ?

À cette vraie question, quasi existentielle, chaque auteur doit trouver sa réponse personnelle.

Le talent dit oui, il faut y penser. Le génie ne dit pas (fatalement) non.

*Je voudrais bien savoir
si la grande règle de toutes les règles n'est pas de plaire,
et si une pièce de théâtre qui a attrapé son but n'a pas suivi un bon chemin.*
Molière, La Critique de l'École des femmes

Il ajoute que « c'est une étrange entreprise que celle de faire rire les honnêtes gens ». Manière indirecte de dire qu'il faut avoir le respect du public.

Ariane Mnouchkine, citée aux Molières 2008, a bien fait la nuance : il faut toujours écouter le public, mais il ne faut pas toujours lui obéir.

Pour un auteur qui n'est pas encore joué, on peut traduire cette pensée : il faut savoir ce qui est à la mode, voir ce qui se joue actuellement et a du succès, mais il ne faut pas s'y conformer à tout prix et s'aligner sur le goût des autres.

Un genre au moins oblige l'auteur à penser, au départ et à l'arrivée, et en cours d'écriture, à son public : le théâtre pour les enfants ou la jeunesse. Quel que soit le créneau visé, entre petite enfance et préadolescence, il y a fatalement des codes particuliers, des règles et des limites, une obligation de simplicité dans la forme, une autocensure dans le choix des sujets. Difficulté supplémentaire, ce théâtre doit aussi plaire aux adultes – parents, enseignants. Il faut une forme de talent particulier, il y a véritablement un univers à explorer. En 2008, les Molières ont à juste titre créé cette catégorie : forme de reconnaissance et constat de sa singularité.

Art « vivant », exercé « en direct », le théâtre a un handicap sur toutes les autres formes d'expression artistique. L'auteur doit toucher le public de son temps. L'appel à la postérité peut se révéler un bon calcul dans le roman : « Je serai connu en 1880, je serai compris en 1930 », écrit Stendhal, peu lu, mal compris, trop original pour ses contemporains. La postérité a confirmé cette intuition. Mais le théâtre n'est pas le roman. Et le cas Musset est rarissime, voire unique : un auteur dramatique pas (ou si peu) joué de son vivant, et faisant au XXe siècle la plus belle carrière *post mortem* de toute la génération romantique ! (voir page 39). Ce n'était d'ailleurs pas un calcul de l'enfant du siècle. Il écrivait des pièces parce que l'édition rapportait des droits dont il avait besoin pour vivre.

Le contraire est beaucoup plus fréquent : un auteur est à la mode quand il est en activité, et tombe dans l'oubli après, parfois même de son vivant. Une génération de spectateurs en a remplacé une autre, la mode passe, les goûts changent, les genres évoluent : c'est la loi du spectacle. Molière et Shakespeare eux-mêmes ont eu leur purgatoire, dans leur propre pays. Et pratiquement tous les auteurs dramatiques contemporains ont une « traversée du désert » – qui peut s'éterniser. C'est particulièrement vrai des (bons ou mauvais) faiseurs qui pensaient trop à flatter le public dans le sens du poil. Voir le théâtre bourgeois du XIXe siècle. Restent les grands talents : Labiche en est l'archétype, jusqu'à la caricature (voir page 49).

Les réussites *post mortem* les plus fréquentes, et les plus choquantes sur un plan humain, on les trouve dans la peinture : Van Gogh, mort dans la misère, serait aujourd'hui multi-millionnaire.

Le théâtre a d'autres particularités dans sa relation au public, et l'auteur doit y penser, sans pour autant être obsédé.

La production d'une pièce est coûteuse – plus que l'édition d'un livre, ou le prix d'une toile et d'un pinceau. Moins qu'un film, certes, mais le cinéma est une industrie, avec d'autres règles du jeu et des perspectives d'amortissement par d'autres canaux (télévision, vidéo, produits dérivés, etc.).

L'échec au théâtre est plus cruel que nulle part ailleurs : il se vit en direct, il se rejoue chaque soir, il implique les acteurs encore plus directement que l'auteur, il peut entraîner la faillite d'un directeur ou d'un producteur lui aussi impliqué dans l'affaire. Heureusement, la cabale n'existe plus, mais parfois, jadis, c'était la « chute » assurée, et le carnage – surtout à l'Opéra !

Pour toutes ces raisons, il semble impensable de ne pas penser au public quand on veut écrire une pièce, comme de prétendre qu'on l'ignore ou qu'on se moque de ses réactions. Le comble du paradoxe pour un auteur de théâtre : vouloir être joué devant une salle vide. Et quel acteur va jouer ce jeu ?

De toute manière, au théâtre, le public fait la loi et l'on a parfois des surprises, bonnes ou mauvaises.

Les atouts gagnants d'une pièce

Si seulement on pouvait savoir... On peut cependant y penser, avant d'écrire.

Là encore, quelques leçons à tirer de l'histoire du théâtre.

Pour obtenir du succès,
il faut écrire des choses qui soient si intelligibles qu'un fiacre puisse les retenir,
ou si inintelligibles qu'elles plaisent,
parce que personne de raisonnable n'y peut rien comprendre.
Wolfgang Amadeus Mozart

Disons que l'œuvre doit être à la mode, ou très originale, par la forme et/ou par le fond. Voilà déjà deux bonnes raisons – alternatives – d'attirer l'attention. Plus facile à dire qu'à faire, mais c'est quand même à dire ! Pour mémoire, puisque nous avons déjà évoqué cela en parlant des auteurs, des genres, du public, et nous y reviendrons.

Le rire est une autre valeur sûre au théâtre, comme si le public d'une salle avait besoin de cette communion physique, quasi mécanique, et réputée hygiénique pour le corps et l'esprit. Même pour un sujet grave, on peut, on doit penser au rire – le fou rire aux enterrements est un grand classique, dans la vie !

Le rire peut se décliner sur toute la gamme : humour noir ou grinçant, grosse farce et tarte à la crème, second ou énième degré, humour anglais ou à l'italienne, humour bien français à la Molière, à la Feydeau, à la Guitry...

La preuve ? Le rire est plus que jamais présent dans la plupart des genres qui font toujours recette : absurde, boulevard, comédie, farce, *one-man show*, sketch, vaudeville (voir pages 95, 96, 99, 104, 113 et 119).

Signalons en passant un vrai problème posé aux auteurs (et aux acteurs) comiques d'aujourd'hui. La surenchère audiovisuelle (radio et télé), les rires enregistrés ou orchestrés (par le chauffeur de salle en faux ou vrai direct), la promesse d'un rire garanti sur affiche toutes les 3 minutes (et pourquoi pas toutes les 3 secondes !), une escalade dans la vulgarité… Tout cela mène à une réflexion sur la nature du comique au théâtre. Le raffinement n'était pas plus grand, jadis ; la vulgarité était simplement différente et le matraquage moins présent.

Autre atout : le scandale (prémédité ou non) peut devenir gage de succès. Combien d'exemples dans l'histoire du théâtre ! Cela mérite réflexion.

Les scandales pour raison religieuse ne sont sans doute pas voulus par l'auteur victime du couperet de la censure : le TARTUFFE de Molière (première version) qui oblige le chef de troupe à écrire dans l'urgence une autre pièce, le MAHOMET de Voltaire, qui déclenche une affaire de dix ans avec le pape, le Censeur royal…

Avant de dire que tout cela est passé, rappelons deux faits récents.

En 2005, les 12 caricatures du même prophète, dans un journal danois, vont provoquer dans le monde entier une série de réactions en chaîne, manifestations pacifiques ou violentes, menaces de mort, procès, au nom de Mahomet !

En 1988, LA DERNIÈRE TENTATION DU CHRIST, de Martin Scorsese, entraînait l'incendie d'un cinéma projetant le film à Paris, le retrait de l'affiche en d'autres salles, et de violentes protestations des catholiques intégristes, jugeant cette œuvre blasphématoire.

Le scandale pour raison politique relève d'une provocation sans doute voulue par l'auteur du MARIAGE DE FIGARO. Beaumarchais en profite autant que sa pièce (voir pages 31 et 32).

D'autres œuvres, qui ne sont en rien des chefs-d'œuvre, ont fait carrière grâce au scandale et sont aujourd'hui oubliées. Citons seulement THERMIDOR, drame de Victorien Sardou, qui scandalise les républicains de la IIIe République : une critique de la Terreur sous la Révolution, jugée réactionnaire. La pièce est interdite pendant 5 ans. Clemenceau, homme de gauche, plaide à cette occasion pour la liberté d'expression – acquise en 1906, avec disparition de la censure.

Les scandales pour raison morale et sociale se sont multipliés au XIXe siècle, bien plus pudibond que le XVIIIe, et viscéralement bourgeois, alors que naît le théâtre « à thèse » et la mode des drames bourgeois.

LA DAME AUX CAMÉLIAS est le plus illustre exemple du genre. Autre scandale, CARMEN de Bizet, à l'Opéra-comique : le mal l'emporte sur le bien, la femme forte sur l'homme faible et perdant ! Et pourtant, le livret de Meilhac et Halévy a volontairement édulcoré la nouvelle de Mérimée, en l'adaptant pour la scène. Le chef-d'œuvre le plus populaire du répertoire lyrique français prendra une éclatante revanche sur toutes les scènes du monde, au XXe siècle.

Entre succès et échec, beaucoup de pièces au XIXe traitent de thèmes socialement sensibles : divorce, avortement, peine de mort, homosexualité, syphilis, droits de la femme bafoués par la société, coulisses de la presse et de la justice, etc. C'est le boulevard du drame – à côté du boulevard du rire (voir page 97). Ce sont donc des « pièces bien faites », efficaces dans leur facture traditionnelle, et scandaleuses juste ce qu'il faut pour passer la rampe. Signées Bataille, Brieux, Bourdet, Bernstein, Prévost, Dumas fils qui n'a pas écrit que LA DAME… Et Marcel Aymé : LA TÊTE DES AUTRES (1952) à l'Atelier, attaquant la magistrature, eut des répercussions au sein du gouvernement, et jusqu'au sommet de l'État.

Enfin, les scandales pour raison artistique ou esthétique.
Ce n'est plus le fond, c'est la forme qui choque, imposant une rupture avec le style dominant. LE CID a fait scandale en bousculant les règles classiques, et le drame romantique pour les mêmes raisons : la

bataille d'HERNANI est un chahut ininterrompu sur les 36 soirs de représentation à la Comédie-Française.

À la fin du XIXe et au début du XXe siècle, la révolution formelle est permanente, dans tous les arts : théâtre, danse, opéra, musique, emportés dans le même mouvement que les Beaux-Arts, avec la volonté de renouveau des metteurs en scène, et l'apport des étrangers. On rebondit chaque saison de scandale en scandale, entre PELLÉAS ET MÉLISANDE et les Ballets russes, jusqu'au théâtre de l'absurde des années 1950. Mais le scandale est à la mesure des salles, Ionesco et Beckett ont donc fait beaucoup moins de bruit et engendré moins de fureur. Avant de devenir des classiques contemporains qui ne scandalisent plus personne.

Le paysage théâtral est devenu très calme, presque trop sage.
Côté salle, on a oublié les chahuts, les cabales. Ce n'est pas un regret, c'est une constatation. Côté scène, et création, il n'y a plus d'auteurs scandaleux, comme l'ont été les Jarry, Cocteau ou Genet (voir pages 55, 63, 72), chacun dans son genre ! Mais aussi Apollinaire en auteur de théâtre (LES MAMELLES DE TIRÉSIAS), les surréalistes par vocation proclamée, Antonin Artaud jusqu'à la folie, et Arrabal, Espagnol d'expression française, l'un des derniers provocateurs, jouant avec le sadomasochisme, la nécrophilie, le blasphème et toutes les perversions sexuelles. Les provocations à répétition finiront par ne plus faire recette, ni scandale.

Aujourd'hui, quel thème pourrait encore ? Inceste, pédophilie, éloge du terrorisme, apologie du meurtre, suicide mode d'emploi, déboulonnage d'idole, rumeur de coulisse ou de poubelle... Et quelques autres sujets glauques. Faut-il jouer avec ça ? Affaire de goût, de talent – et de tempérament.

Le scandale pour le scandale n'est ni plus, ni moins une preuve de vitalité ou de créativité que l'encéphalogramme plat et raplapla d'un théâtre blasé. Entre ces deux extrêmes, la voie est largement ouverte.

Acte 3 – L'écriture et les questions pratiques qui se posent au fur et à mesure

Mieux vaut prévenir que guérir, suite.

En l'occurrence, on peut anticiper, ça évite des erreurs de parcours, une perte d'élan, d'énergie, et de temps.

Le temps ne fait rien à l'affaire

Le temps d'écriture, s'entend ! Allusion à Oronte qui se vante auprès d'Alceste d'avoir écrit si vite son sonnet. L'ennui, c'est que le sonnet est mauvais.

Naturellement, chacun écrit à son rythme. Entre une semaine et une année, pour une pièce… Moins, c'est improbable, plus, c'est inquiétant.

Génie et facilité vont parfois de pair : Rossini, Hugo, Molière… Trois semaines pour accoucher d'un opéra, d'un drame ou d'une comédie en 5 actes et en vers, autant de chefs-d'œuvre toujours au répertoire. Vertigineux, surtout quand on pense qu'ils ne faisaient pas que ça, ces Messieurs, que leur vie était compliquée, que l'ordinateur n'existait pas, etc.

Étaient-ils poussés par la nécessité financière, la commande du roi ou d'une salle, par l'ambition, la passion ?

Musset est un cas très particulier : sa besogneuse maîtresse, George Sand, lui reprochait de se disperser dans des plaisirs épuisants au lieu d'écrire, s'étonnait de ne jamais le voir travailler, et admirait d'autant plus ce miracle de la création.

D'autres auteurs sont lents à enfanter, ou réécrivent à l'infini avant de considérer le manuscrit comme achevé. Le doute, le perfectionnisme ? Bien. Mais ça ne doit pas devenir maladif. Imaginons un enfantement qui durerait 9 ans, dans l'espoir que l'enfant serait 12 fois plus réussi à l'accouchement… C'est peut-être un bon sujet de pièce. Mais c'est un mauvais calcul.

Aujourd'hui, un opéra demande trois ans d'écriture, après la commande… Et on n'en écrit pratiquement plus. Ce qui est un autre problème.

Donc, prendre son temps. Mais ne pas perdre son temps, et le fil de la pièce.

Et surtout, ne pas trop parler, raconter ce que l'on va écrire, ce qu'on écrit, ce qu'on a écrit. Même si c'est pour se rassurer, le risque est grand de se vider littéralement de sa substance. Et l'auteur qui (se) raconte, c'est parfois exaspérant… comme Oronte.

Faut-il faire un plan ou se laisser porter par l'élan ?

Bonne question ! La réponse va dépendre, pour une part, de la psychologie personnelle de l'auteur.

Certains programment tout dans leur vie : journée, repas, loisirs, enfants, vacances, et circulent au GPS… D'autres vivent en état de perpétuelle improvisation, partent à l'aventure le nez au vent, se moquent des horaires, naviguent au flair et ne se fient qu'à leur instinct.

On imagine mal l'auteur du premier groupe écrivant au fil de sa plume (électronique ou pas), et le second suivant un plan scène à scène, au mot à mot.

Félicien Marceau, auteur de romans et de pièces, a bien distingué la manière d'écrire dans l'un et l'autre domaine. Il se laisse aller, voire surprendre, dans l'écriture romanesque, alors qu'il fait toujours un plan préalable, avant de s'engager dans le dialogue dramatique.

Personnellement, je crois à la vertu du plan – y compris pour écrire cet essai sur l'écriture théâtrale. Il faut un plan de pièce, sinon où va-t-on ? Dans le mur, ou le labyrinthe d'une action interminable qui vire au feuilleton. C'est exaspérant de tomber dans ce genre de piège, pour devoir ensuite revenir en arrière… ou abandonner !

Il faut un plan, quitte à ne pas le suivre, dans le feu de l'action. Si un personnage impose soudain sa logique ou sa folie, passe aux aveux quand il devait se taire, sort de scène sans faire « sa » scène, ou s'invite alors qu'il n'est pas prévu et se lance dans un dialogue totalement inattendu, c'est bon signe – signe qu'il existe, qu'il a du caractère. L'auteur s'engage alors dans une sorte de dérapage contrôlé, délicieux ou diabolique. Mais intéressant.

Le plan n'est finalement qu'un échafaudage, voire une béquille. Mais c'est utile.

Écrire court

> *La brièveté est sœur du talent.*
> Anton Tchekhov

C'est une vérité tchékhovienne, certes. Mais ce n'est pas que cela !

Et voilà encore une règle de bon sens. Viser moins de 2 heures pour une pièce « normale », style comédie à la française.

Ne pas oublier qu'au théâtre, la longueur est vite insupportable à la salle : le voisin tousse, les fauteuils grincent, le dos fait mal… Dans un roman, on passe une page ou deux – les interminables descriptions, chez Balzac qui tirait à la ligne en bon feuilletoniste, justement payé à la ligne. Au théâtre, l'ellipse doit être pensée à l'écriture. Et si l'on perd le spectateur en chemin dans un tunnel, une longueur qui n'en finit plus, il sera très difficile de le rattraper – les acteurs savent et sentent cela, plus sûrement que l'auteur.

Écrire court n'est pas simple. Si la première rédaction est (trop) longue, on peut toujours couper, *post scriptum*. Couper une réplique, un dialogue, une scène. Comme un peintre retouche sa toile, ou un cuisinier réduit (ou allonge) la sauce. C'est du détail, mais ça va alléger l'ensemble.

Sur la totalité de l'œuvre, il est un moyen simple de contrôler la « longueur de son élan » : voir l'édition théâtrale d'une pièce connue – un classique ou un succès contemporain. Et compter les signes, tout bêtement… On sera étonné de constater comme c'est court, une pièce, même avec les espacements, la présentation plus aérée que pour un roman ! En gros, ce livre représente environ cinq pièces !

Naturellement, il y a des pièces beaucoup plus longues. LE SOULIER DE SATIN fait au moins 4 heures, une adaptation du MAHABHARATA durait plus d'un jour (une nuit) en Avignon et Olivier Py, même lieu, a relevé le défi d'une pièce (épopée) de 24 heures : LA SERVANTE.

Tout est pensable, mais cela n'est possible que dans le théâtre subventionné. En tout cas, il est imprudent de se lancer dans l'écriture dramatique avec ce lourd handicap.

Le titre, la belle affaire !

Ça vient ou pas… ça viendra de toute manière, parfois au détour d'un dialogue, le titre s'impose. Il est logique, il sonne bien. Ouf !

Le titre peut être génialement absurde, comme la pièce : dans LA CANTATRICE CHAUVE, il n'y a pas de cantatrice, ni chauve, ni chevelue, et c'est un lapsus de comédien en cours de répétition qui incita Ionesco à changer son titre original (L'ANGLAIS SANS PEINE), devenu sous-titre, et seule chose logique dans toute cette histoire !

Le bon titre est celui de la pièce qui a bien marché. LES MONOLOGUES DU VAGIN… Franchement, un doute était possible. Eh bien ! après traduction en quelque 30 langues, tour du monde et triomphe à Paris du texte signé Ève Ensler, c'est un très bon titre. Certains « mauvais » titres n'ont pas empêché une (bonne) pièce de très bien marcher : LES PALMES DE MONSIEUR SCHUTZ, de Jean-Noël Fenwick – le premier titre était FAMILLE, TRAVAIL, RADIUM. Alors, vive LES PALMES…

MONSIEUR SCHPILL ET MONSIEUR TIPPETON, c'est une très bonne pièce de Gilles Segal, bien mise en scène et bien jouée, reconnue comme telle par la critique et le public, mais je continue à penser que c'est un mauvais titre : difficile à dire, à retenir, plutôt long.

Le titre court, c'est commode, sur une affiche. Il y a déjà tant de choses à placer sur l'affiche, alors… ART est une trouvaille de Yasmina Reza. Difficile de faire mieux, dans le genre.

Le nom du personnage principal peut faire l'affaire : HAMLET, MACBETH, OTHELLO, ROMÉO ET JULIETTE (couple naturellement inséparable), RICHARD II, RICHARD III, HENRY IV, HENRY V, HENRY VI, HENRY VIII… Et LE MISANTHROPE, TARTUFFE, LE BOURGEOIS (qualifié de) GENTILHOMME, LES PRÉCIEUSES RIDICULES… L'ÉCOLE DES FEMMES résume le thème avec humour, et la formule a fait florès, déclinée en ÉCOLE DES PÈRES, … DES MARIS, … DES MÉNAGES, … DES COCOTTES, … DES VEUVES, … DES MÈRES… L'AIGLON, CYRANO DE BERGERAC, rôle-titre par excellence ! Comme LORENZACCIO qui sonne si bien ! Et LA DAME AUX CAMÉLIAS, LA DAME DE CHEZ MAXIM… Les dames attirent. LA P… RESPECTUEUSE est un joli coup de Sartre qui avait le sens du titre, même si ses drames datent dramatiquement : HUIS CLOS, MORTS SANS SÉPULTURE, LES MAINS SALES…

Si on cherche désespérément un titre pour sa pièce, on peut toujours consulter un catalogue des pièces éditées, ou la liste des nommés aux Molières, ou *Pariscope*. Ou l'index des œuvres de ce livre. On trouve rarement son titre ainsi, mais ça peut aider à rebondir.

Pour la saison 2007-2008, trois grands succès ont vraiment un bon titre : LE DIEU DU CARNAGE (Yasmina Reza), MON PÈRE AVAIT RAISON (Sacha Guitry), LA VIE DEVANT SOI (roman de Gary/Ajar, adaptation de Xavier Jaillard).

Les didascalies ou indications scéniques

Plus ou moins utiles, en marge des dialogues, c'est l'équivalent de la colonne de gauche, dans un scénario de film. Point trop n'en faut, un peu quand même.

Indispensable : un personnage entre, un personnage sort… Il tire une arme et menace… Il embrasse, il viole… Il se tue, il tombe.
Utile : la femme porte une robe noire… L'homme a le bras bandé…
Peut-être superflu, voire irritant pour l'interprète : la jeune fille semble pensive, à moins qu'elle ne soit hésitante, ou plutôt embarrassée, mais son silence laisse imaginer que, etc.

Une pièce n'est pas un roman, les didascalies ne doivent pas tourner à l'analyse psychologique. Le roman a cependant influencé le théâtre, jusque dans son esthétique. Les romanciers naturalistes du XIXe siècle, tels Flaubert, Balzac, Zola, se font les metteurs en scène de leur histoire sur le papier. Et les auteurs dramatiques se mettent à écrire des didascalies pléthoriques, pour situer dans le moindre détail les décors, les costumes, le comportement et les pensées secrètes des personnages. Ainsi, Edmond Rostand. Ce temps est révolu. D'autant plus que les metteurs en scène sont entrés en scène au théâtre, à la fin du siècle.

Avec trop de didascalies, on empiète sur le pré carré du metteur en scène. Ce n'est pas toujours inutile, si le metteur en scène manque (un peu) d'imagination.

Et chez certains auteurs, les didascalies s'imposent. Ainsi Feydeau, qui dicte tous les détails, y compris le tempo dans le jeu des acteurs. C'est logique : il mettait lui-même en scène ses pièces, avec un sens de la (bonne) mise en scène tel qu'en ne tenant pas compte de ses didascalies, très souvent, on rate son coup – ou du moins, on joue autre chose que « du Feydeau ».

Samuel Beckett, très attentif au montage de ses pièces, apportait un soin maniaque à certains détails : le bruit exact des pas traînants d'un personnage (Krapp, dans LA DERNIÈRE BANDE). Un mur rose, au lieu de gris (pour FIN DE PARTIE) l'a mis très en colère contre Gildas Bourdet, et la pièce fit son entrée à la Comédie-Française dans un décor recouvert d'une bâche. La fille de son éditeur Jérôme Lindon veille aujourd'hui au respect du droit moral de Beckett en France. Au nom de quoi elle s'est plusieurs fois opposée à tel ou tel metteur en scène.

Petite précision technique : pour faciliter la lecture de la pièce, il faut nettement différencier les didascalies des dialogues. Par exemple, mettre les premières en italiques ou dans des caractères plus petits, entre parenthèses ou en retrait.

Toutes ces didascalies sont parfois qualifiées de fonctionnelles, pour les opposer aux didascalies initiales : présentation de la pièce et des personnages. Et là, c'est un autre problème.

Résumer l'histoire, c'est prendre un double risque. D'abord, mal résumer : rien n'est plus difficile que de faire un bon résumé ! Même une pièce géniale, un grand classique, raconté en 10 lignes ou une page, c'est à vous décourager de lire. Par curiosité, voyez le résumé d'ANDROMAQUE, tragédie de Racine. En 10 lignes, on dirait du « mélo de boulevard » – le genre n'existe pas, justement.

Par ailleurs, il faut surprendre le lecteur.

Étonne-moi !
Serge de Diaghilev à Jean Cocteau

Et Cocteau l'a maintes fois répété.

Mais un résumé « trop bien fait »... et il n'y a plus aucun suspense !

Le plus simple, le plus sage est peut-être de s'en tenir au thème de la pièce, en trois lignes.

Quant aux personnages, aller à l'essentiel – et encore ! Préciser l'âge risque de décourager l'interprète qui se trouvera d'emblée trop jeune ou trop vieux. Le costume ? Ce ne sera pratiquement jamais celui imaginé par l'auteur. Le metteur en scène va en discuter avec l'acteur ou l'actrice, assisté du créateur de costumes ; ça peut se régler très vite ou changer plusieurs fois, jusqu'à la fin des répétitions. Entrer dans la psychologie de chaque personnage est aussi périlleux que de résumer l'histoire, à peu près pour les mêmes raisons.

Bref, faire très bref ! Dire le lien de parenté, le métier, peut-être donner une (bonne) réplique qui résume le caractère.

Les personnages : pour donner vie à la pièce

Le théâtre, c'est d'abord et avant tout les personnages.
Jean Anouilh

Cette affirmation pourrait être signée de beaucoup d'autres auteurs dramatiques.

Petit test, en passant, pour rassurer l'auteur : si ça parle, ça existe. Et si c'est vrai, ça passe.

Une forme de « sincérité » dans l'action et le dialogue est indispensable. C'est ce qui touche tant, chez Molière, Shakespeare... Les personnages sont vrais. Les mots sonnent juste, difficile d'expliquer pourquoi. Mais ça s'entend, ça se sent. On peut dire la même chose de toutes les grandes pièces, dans des styles aussi différents que Marivaux ou Beaumarchais, Hugo ou Rostand, Pagnol ou Anouilh.

Le personnage principal peut dicter la pièce – avec le titre. LE MISANTHROPE, c'est l'histoire d'un misanthrope, L'AVARE, l'histoire d'un avare, OTHELLO, le drame d'un jaloux maladif... Le rôle-titre est l'un des grands moteurs de l'action théâtrale, et souvent la raison d'écrire pour l'auteur.

Les personnages secondaires ne sont pas pour autant à négliger ! Les héros, pas de danger. Mais les autres, combien de fois sacrifiés, massacrés... On dit que la qualité du cinéma français de l'entre-deux-guerres et jusque dans les années 1950 tenait en grande partie à l'écriture et l'interprétation des seconds rôles. C'était moins vrai au théâtre. Mais aujourd'hui, un personnage qui n'est que fonctionnel (la suivante ou le confident) est absolument exclu. Même l'ami à qui on raconte (genre Philinte du MISANTHROPE) est une facilité à déconseiller, s'il n'est que cela.

Se rappeler aussi le handicap au montage d'un plateau trop lourd : on ne peut plus s'offrir des distributions pléthoriques, pour quelques mots à dire par tel ou telle. Le téléphone peut aider, dans certaines situations. Mais ne pas abuser non plus du procédé : il est très difficile, en réalité, de faire exister un personnage qu'on ne voit pas. Ou alors, l'absence est le sujet de la pièce – L'ARLÉSIENNE, REBECCA. Ou encore, le téléphone devient l'occasion d'un morceau de bravoure – FAISONS UN RÊVE ! À côté du trio de boulevard classique, Sacha Guitry créée un quatrième personnage virtuel. C'est écrit en 1916, et l'on dirait que le portable était déjà entré dans les mœurs.

Penser à typer les personnages, avant même de les lancer dans l'action. Trouver des noms, des tics de langage, des « tocs », des manies, un accessoire familier ou incongru, un élément de costume qui se remarque... Attention à ne pas tomber dans l'excès inverse et trop « charger » – sous peine d'arriver à la caricature. Le coup de génie du nez de Cyrano, c'est que c'est tout, sauf ça. Et ce défaut physique fait finalement tout le « charme » du personnage.

Certains personnages ne valent pourtant que par la caricature. Il y a toute une galerie de grands décalés, sinon « fous », chez Feydeau. C'est un cas très particulier : il n'aimait pas ces pantins qu'il mettait en scène, et personne n'est sympathique dans ses pièces. Même pas vraiment humain. Tout le contraire de Molière, qui rend son atrabilaire Misanthrope si aimable !

Telle est l'infinie diversité des moyens offerts à qui veut écrire. Il faut seulement choisir la manière de traiter son personnage.

Certains auteurs « moi je » s'expriment à travers chacun des rôles – d'autres, au contraire, mettent un point d'honneur à ce que chacun soit un personnage différent, avec ses sentiments, sa logique, son langage. Le plus fort, c'est l'auteur qui réunit les deux. On revient à nos modèles préférés : c'est typiquement du Molière, du Shakespeare, et pourtant, chaque personnage a une vie propre, et suit son destin.

Les dialogues : pour donner vie aux personnages

Finalement, une pièce, ce n'est « que » du dialogue et un auteur qui ne sait pas dialoguer doit écrire autre chose que du théâtre. C'est comme un chanteur qui chante faux, ou un coureur à pied qui boite. Mieux vaut changer de discipline.

C'est peut-être la seule chose qui ne s'apprend pas : le sens du dialogue. Même en se corrigeant, en coupant, en recommençant...

Difficile de définir ce qu'est un bon dialogue : il peut être brillant, original, extravagant, déroutant, quotidien, ordurier, intelligent, absurde... Il peut comporter des « mots d'auteur », des répliques bien venues, parfois une tirade. Il peut, il doit même faire la part du silence – il en est d'éloquents, et c'est toujours reposant, une pause dans le dialogue, si c'est en situation. Il peut être imagé, poétique – malgré la traduction trahison, comment ne pas s'émerveiller du langage shakespearien ! Il peut être le comble du naturel – à l'école de Molière, qui prêchait cette qualité si rare en son temps.

Plus facile de dire ce qu'est un mauvais dialogue : bavard, redondant, explicatif, ou bêtement banal, plat, mou. Quel ennui, dans la salle ! Un bon dialogue peut faire passer un mauvais sujet, mais un bon sujet est massacré à tout coup par un mauvais dialogue. La pièce ne passe pas. Et le talent des acteurs n'y peut rien. Il semble même que, soudain, en quelques répliques, les acteurs n'aient plus de talent !

Au passage, éviter les apartés. Une réplique qu'un personnage dit à l'intention du public, ou une réflexion qu'il se fait à lui-même, alors que les autres personnages en scène ne sont pas censés entendre. Il y a de délicieux apartés chez Marivaux, il y en a dans beaucoup de pièces du répertoire, ça passe toujours quand c'est très bien écrit et signé d'un maître du genre. Mais cette convention théâtrale ne fonctionne plus – sauf chez Guignol ! C'est une forme de naïveté qui n'a plus cours. Sauf à en faire un système – on peut même imaginer un personnage qui ne s'exprime que par aparté. On peut toujours tout imaginer, mais c'est un défi malaisé à relever.

Contrairement à ce que l'on croit, on ne parle pas au théâtre – ni au cinéma – comme dans la vie. Le théâtre, c'est un concentré de vie, la vie en mieux, ou en pire. Mais pas la vie « copié-collé ». Les Marseillais ne dialoguent pas comme dans la trilogie de Pagnol, sinon Pagnol ne serait pas unique en son genre, et aucun chauffeur de taxi, aucun barman parisien ne parle comme les personnages de Michel Audiard, ou alors, une expression de temps en temps. Encore faut-il la saisir au vol, la remettre en situation, ou l'adapter.

Le plus grave, c'est le dialogue qui sonne faux. C'est vite insupportable ! Comme une musique avec des fausses notes. Malheureusement, c'est plus difficile à prouver, et à corriger. Même si c'est évident à l'oreille.

Parfois, un mauvais dialogue vient de ce qu'un personnage est mal pensé, mal né, alors, il parle mal – au sens de faux. Il suffit de repenser le personnage et il trouvera son langage. D'autres fois, c'est une scène qui sonne faux : les personnages déraillent, ne sont plus eux-mêmes, tout devient artificiel. C'est que la scène est mal amenée, mal conduite, ou simplement superflue. Mais si tous les personnages parlent faux du début à la fin, on se retrouve dans la pire hypothèse dramatique : l'auteur ne sait pas dialoguer.

Le dialogue est ce qui vieillit le plus vite, au théâtre. Encore et toujours l'influence du cinéma, le sens du raccourci, le rythme de la vie qui s'accélère. Il faut réécrire, si l'on veut à tout prix monter la pièce – si les personnages et si l'intrigue sont fondamentalement valables, si le nom de l'auteur est un atout, si la tentation du tripatouillage tente un bon adaptateur, etc.

Parfois, on s'interroge : pourquoi, pour qui se donner tant de peine !? Et d'autres fois, on applaudit le travail.

Trois mises en garde élémentaires pour auteur débutant

Cela relève aussi bien du plan que des dialogues ou des personnages : trois défauts qui peuvent se corriger plus ou moins facilement – avant, pendant ou après l'écriture.

Éviter la longue scène d'exposition – impardonnable. Il y en a dans Molière, il y a même parfois tout un acte d'exposition dans Feydeau. Mais on pardonne aux classiques ce qu'on ne pardonne pas aux débutants, leur dialogue fait passer la chose, et l'on sait que tout s'arrange par la suite. Cela dit, Molière et Feydeau, aujourd'hui, éviteraient ce genre de longueur. Le public pige plus vite. Le cinéma, la télévision l'ont habitué à foncer droit dans l'action.

Alléger au maximum les explications psychologiques qui ralentissent l'action et alourdissent la pièce. C'est une facilité qu'on paie cher. Tout un théâtre très français, assez littéraire (au mauvais sens du mot), et relativement récent, a dramatiquement vieilli sur ce point. Particulièrement le boulevard du drame et ses pièces à thèse (voir page 97).

Ne pas abuser de la tirade (très longue réplique) ou du monologue (tirade durant laquelle le personnage est seul en scène, ou se croit seul). Une tentation d'autant plus forte qu'il en est de célèbres, chez les classiques. Mais d'abord, il est très difficile d'écrire une vraie, bonne et belle tirade. Ensuite, répétons-le : ce qui passait hier peut n'être plus valable aujourd'hui.

Les interprètes font la distinction entre la « tartine », le « tunnel » – tirade impossible – et le « morceau de bravoure » – tirade payante. Aujourd'hui, le récit de Théramène dans PHÈDRE, celui du CID contant sa victoire sur les Mores, et les imprécations de Camille dans HORACE, même génialement écrits, auraient du mal à passer. Alors que la tirade des nez de CYRANO, le monologue de Figaro sur la censure, le « Bon appétit, Messieurs ! » de RUY BLAS, ça passe, et comment !

Pourquoi ? Parce que, ça passe. À une condition : que ce soit très bien joué. Ce sont des moments dramatiques où l'auteur est l'« otage » de son interprète. Pour le pire ou le meilleur.

Finir : entêtement dramatique, oui, acharnement thérapeutique, non

Même l'auteur le plus enthousiaste a des moments de doute quant à la qualité de sa pièce. Ne parlons pas de l'hyperconscient qui se regarde écrire et se juge au mot à mot, du perfectionniste obsessionnel pour qui rien n'est jamais assez bien, du bordélique qui se perd dans ses brouillons, ses versions et un plan si virtuel qu'il n'a sans doute jamais existé !

Il y a aussi la panne d'inspiration. Il y a l'excès d'imagination qui multiplie les pistes, les personnages, les rebondissements, les dialogues à vau-l'eau.

On se calme. On se rassure. On se repose. Et on s'y remet.

Abandonner en cours de route, c'est la pire des solutions. Sauter sur un autre sujet, ce peut être une manière de rebondir et de se rassurer, avec le risque de se retrouver dans la même impasse. Et la seconde fois, ça fait plus mal. Ça remet tout en cause : le talent, la vocation, etc.

Donc, il faut s'entêter. Avec raison et passion. Oui. Mais…

Pas à la folie et jusqu'à l'absurde. Si les personnages ne parlent pas ou parlent si faux, si mal… si l'intrigue se perd dans un labyrinthe ou s'enlise dans un marécage, si la pièce rêvée est trop loin de la pièce réelle… et surtout si l'écriture vire au cauchemar, pire encore, à l'ennui, au devoir d'écolier, alors il faut admettre que l'on s'est trompé. De sujet ou de métier.

Question stupide : quelle est la proportion entre les avortements, les infanticides, les enfants abandonnés dans la vie… et les pièces inachevées, mort-nées, mises à la poubelle ou au tiroir ?

Mais est-ce si stupide d'oser la question ? Quand la métaphore est si évidente !

> *Les ouvrages de Théâtre, Monsieur, sont comme les enfants des femmes :*
> *conçus avec volupté, menés à terme avec fatigue, enfantés avec douleur*
> *et vivant rarement assez pour payer les parents de leurs soins,*
> *ils coûtent plus de chagrins qu'ils ne donnent de plaisirs.*
> Beaumarchais

Faire lire, et d'abord se relire à haute voix – indispensable !

« Il y a des personnages de farce chez Shakespeare », avais-je écrit (page 106). C'est juste, c'est clair, ça passe dans un essai (j'ai quand même un peu corrigé), mais à la relecture, c'est impossible, ou très difficile à dire. Donc, à éviter dans un (bon) dialogue de théâtre.

Une pièce est faite pour être jouée, comme une chanson pour être chantée. Il est malaisé de juger des vertus (et des vices) d'un dialogue et du jeu entre les personnages, sur le papier. Même si l'on se relit en murmurant, on peut tricher malgré soi. Donc, faire comme Flaubert qui passait ses romans à l'épreuve du « gueuloir » – son bureau où il proférait chaque phrase à très haute voix, pour en corriger le style.

Oui. Dès qu'on parle, on s'entend – et on entend tout.

Le rythme, le ton, la couleur… et les longueurs, les (mauvais) tunnels, les répétitions mal venues, les liaisons dangereuses, les jeux de mots malencontreux, les dissonances… Sur France-Inter, une exaspérante publicité a au moins un mérite : montrer comme une simple expression peut être littéralement imprononçable avec la liaison : « Je veux et j'exige » !

Tout peut se corriger – dans le sens de la simplification, du naturel, de la bonne coupe, plutôt que du rajout pour expliquer, du bavardage pour le plaisir, des mots pour l'épate.

Faire lire à un ami, si possible acteur, metteur en scène, pour avoir un autre regard (professionnel). Écouter ce premier jugement, comprendre la critique, suivre ou pas ses conseils. Pour l'heure, c'est encore l'auteur qui décide. Il a le « final cut », comme on dit au cinéma.

Dernier regard, ultime mise en page du texte : bien séparer les dialogues et les didascalies, bis, je répète, exprès (en italique ou en plus petits caractères, si possible en retrait). Souligner ou mettre en gros (ou gras ou majuscules) le nom des personnages qui parlent. Et créer un saut de page à chaque scène, aérer la présentation. Au besoin, voir les éditions théâtrales et s'en inspirer.

Tout cela en quelques clics ! Merci, l'ordinateur.

Et voilà le texte prêt à circuler.

Acte 4 – *Post scriptum* : être lu, et joué

PS indispensable…

On n'est pas auteur de théâtre, pour avoir écrit une pièce ! Ni même plusieurs.

Certains exemples pris au répertoire et dans l'histoire, certaines questions (et réponses) qui en découlent ont pu aider l'auteur à aller jusqu'au mot « FIN ». Bravo. Mais…

Écrire n'est « rien », au théâtre – rien qu'un combat entre soi et soi. Être joué est une autre affaire. Un nouveau combat commence ! Là encore, quelques conseils, quelques pistes et quelques réponses à diverses questions peuvent aider.

Comment présenter sa pièce, entre manuscrit et lecture publique ?

Le manuscrit est censé être lisible : fond (texte) et forme (mise en page). Mais la concurrence est pléthorique.

Tout le monde se croit auteur – en tout cas, trop de gens. Rappelons le mot d'Alphonse Karr : « Le nombre des écrivains est innombrable et ira toujours croissant, puisque c'est le seul métier, avec l'art de gouverner, qu'on ose faire sans l'avoir appris. »

Les manuscrits s'entassent dans les bureaux des décideurs (agents d'artistes, producteurs de spectacles, directeurs de salle, etc.). Une pile d'un mètre décourage le lecteur et à force, on ne sait même plus ce qu'on lit. Et on ne lit plus… Il paraît en tout cas qu'on lit de moins en moins, chez ceux dont le métier est pourtant de lire.

C'est pourquoi il y a de plus en plus de lectures publiques – retour à une pratique courante, au XIXe siècle.

Si l'auteur n'est pas comédien né, ou s'il veut trop bien faire, ou s'il panique devant un petit public censé le juger, le résultat risque d'être catastrophique.

Des comédiens, même (bons) amateurs, peuvent rendre service à l'auteur, s'ils croient en lui, s'ils aiment sa pièce. Ce genre de solidarité est fréquent. Surtout qu'il y a, entre auteurs et acteurs, non pas concurrence, mais complémentarité.

La première lecture publique, épreuve du feu ou épreuve de vérité, que ça se passe bien ou mal, est l'occasion à ne pas rater pour réécrire par-ci, par-là. Si un débutant l'ignore ou en doute, un auteur de métier le sait. Donc, on coupe, on traque les doublons, on reformule un passage pas clair, on change un dialogue qui passe mal, etc.

De toute manière, autant le savoir tout de suite : un texte n'est jamais définitif. Jusqu'à la fin des répétitions, et même jusqu'à la dernière représentation, on trouve à corriger. C'est un charme du spectacle vivant : tous les réalisateurs de film regrettent ce que leur art comporte de définitif.

Trouver producteur, salle, interprète, metteur en scène

Théâtre cherche auteurs ! Jeunes ou pas jeunes, on cherche, avant tout, du nouveau. Tandis que de leur côté, les auteurs cherchent qui cherche l'auteur, jeune ou vieux, mais nouveau.

Ce jeu de cache-cache a duré tout le siècle dernier : après désorganisation du marché de l'offre et de la demande liée à l'industrie du spectacle si bien rodée au XIXe, et soudain en crise, et avec l'apparition du metteur en scène, et de l'État.

Des mécanismes institutionnels se sont mis en place dans le cadre d'une vraie politique culturelle. Des subventions publiques sont venues au secours de la « création », thématique récurrente dans combien de discours !

Des hommes de théâtre se sont battus, et parfois ruinés pour créer leurs auteurs – Antoine le premier, Copeau et Lugné-Poë, héroïques en cela, puis le fameux Cartel des Dullin, Jouvet, Pitoëff, Baty, jusqu'aux Vilar, Barrault et quelques autres.

C'est toute l'histoire théâtrale du XXᵉ siècle. Avec un beau générique d'auteurs à l'affiche, malgré certains espoirs déçus, chez ces infatigables chercheurs de textes.

Mais c'est du passé. La création n'est plus une mission sacrée. Le marché est aujourd'hui une utopie ou une plaisanterie, selon qu'on le regrette ou pas. C'est la loi du coup par coup, le jeu du hasard qui prévaut.

Reste une solution, qui vaut depuis les origines du spectacle et qui a fait bien des miracles : la rencontre.

L'auteur qui est allé au bout de sa pièce doit se dire que quelqu'un l'attend. Et aller vers lui. Ainsi, un acteur qui a déjà un (petit) nom au théâtre, au cinéma ou à la télévision, et le profil du personnage principal. S'il est quelque part à l'affiche, tenter sa chance et frapper à la porte de sa loge. Le festival est un autre lieu de rencontre, avec une disponibilité plus grande. Et la France est riche de festivals en tous genres.

Pourquoi ne pas s'adresser à un directeur de (petite) salle – ne pas voir trop grand au début ! Ne pas se tromper d'adresse : à Paris, un drame n'a aucune chance aux Nouveautés, une comédie de boulevard très boulevardière n'en a guère à l'Atelier ou à l'Œuvre. Penser aussi à un producteur, un agent d'artistes, un attaché de presse, dans la mesure où on a un « contact »…

Tous ces gens cherchent, à leur manière, ou connaissent des gens qui cherchent. Le microcosme théâtral est fait de petits réseaux ou de grandes familles, on a vite quelques adresses, quelques repères.

La meilleure piste, c'est encore le metteur en scène – qui cherche et qui connaît tous ces gens qui cherchent. Il est, de ce fait, très sollicité, submergé par le flot des appels et le poids des manuscrits à lire – trop souvent illisibles et si rarement jouables. Malgré tout, il lit, il est présumé savoir lire, il a toujours une forme de curiosité – si c'est un bon metteur en scène.

Il n'y a pas de règle, mais c'est quand même une loi : si on cherche, on trouve. Même indirectement : quelqu'un qui connaît quelqu'un qui, etc. L'auteur, tôt ou tard, va faire des rencontres intéressantes.

Et pourquoi pas la Rencontre – Giraudoux-Jouvet, Koltès-Chéreau, (voir pages 60 et 78). Il n'est jamais trop tôt, jamais trop tard. La vie en est changée, une carrière peut commencer, avec déjà une autre pièce, ou la première pièce écrite, et réécrite, sous l'autorité d'un professionnel devenu le premier vrai lecteur, le partenaire de confiance.

Tous les auteurs en rêvent. L'histoire du théâtre est riche de ces rêves devenus réalités. Parfois, ça tourne au cauchemar, ou à la désillusion. Les couples, c'est à la scène comme à la ville. En tout cas, pour exister au théâtre, on a besoin des autres, ou de l'autre.

Et la crise du théâtre ?

Contexte souvent invoqué pour décourager l'auteur. Voici quelques mots pour rassurer, ou donner de quoi répliquer.

D'abord, c'est un état endémique (voir page 65). Le plus célèbre économiste de la culture l'a écrit et démontré en 1966 :

> *Dans le spectacle vivant,*
> *la crise est apparemment « a way of life ».*
> William Baumol

Les gens de théâtre ont beaucoup cité cet économiste américain – pour avoir des crédits. Baumol est passé de mode dans le milieu. Rien ne s'est arrangé depuis. Mais ça n'a jamais été facile.

Penser qu'au XVIIe siècle, il n'y avait aucune salle digne de ce nom en province, et seulement deux salles de théâtre à Paris – 15 à Londres, 40 à Madrid ! C'est dire si la concurrence était rude, entre auteurs.

Jamais il n'y a eu autant de lieux et de spectacles qu'aujourd'hui : à Paris, 700 chaque soir, dans 250 salles ! Et en juillet 2008, plus de 1 000 créations dans le mouchoir de poche de l'*off* Avignon ! Miracle du festival, le bouche à oreille fonctionne et le public, fan de théâtre, nullement effrayé par cette inflation, parvient à faire son choix.

La crise change de nature, selon les époques. On invoque la concurrence du cinéma, la télé, l'auto, le sport, les jeux vidéo et tous les loisirs. Il y a la crise financière : montages de plus en plus chers, avec les charges, les loyers, les cachets des vedettes, etc. Et une crise de fréquentation : spectateurs de moins en moins nombreux – à moyen terme, cela s'équilibre au fil des saisons.

La vraie crise qui ne dit pas son nom, celle qui gêne le plus l'auteur non encore reconnu, est de surproduction : une inflation de textes, parallèle à celle des vocations, « puisque c'est le seul métier, avec l'art de gouverner, qu'on ose faire sans l'avoir appris » (Alphonse Karr), et que rien ne décourage l'écriture.

Conclusion ? Savoir que la crise existe, et faire comme si elle n'existait pas... Ou relativiser avec humour :

> *J'ai souvent vu des directeurs de théâtre ruinés.*
> *Je n'en ai jamais vu de pauvres.*
> Sacha Guitry

Il y a déjà assez de problèmes, questions, angoisses... L'auteur peut toujours se dire qu'il va échapper aux effets de la crise. Voire même résoudre la crise d'auteurs parfois invoquée – cela dit avec humour et un brin d'orgueil.

Crise d'auteurs au théâtre

Le mot et la chose, le concept même n'apparaît qu'au début du XXe siècle, avec le metteur en scène.

Antoine, pionnier en France, trouve peu de textes à son goût – naturaliste, réaliste. Il va donc monter des auteurs étrangers. Lugné-Poë, à l'esthétique inverse, ne trouve pas non plus « ses » auteurs symbolistes, et agit comme Antoine. Cependant que Copeau se bat pour son grand projet de « rénovation dramatique » et accuse : « Je dis que les écrivains méprisent le théâtre ! »

Dans son esprit, cela signifie que les auteurs préfèrent sacrifier au théâtre commercial, sa bête noire. Et l'animateur du Vieux-Colombier se rabat sur les classiques – jusqu'alors réservés à la Comédie-Française.

La pire accusation est signée Dullin : « Beaucoup de jeunes auteurs, mais peu d'auteurs nouveaux. »

Tout est relatif, quand on voit la liste des noms créés par tous ces hommes de théâtre ! Mais sur le nombre considérable de créations, on peut parler du « cimetière des pièces mortes », selon le mot du critique et auteur Henri-René Lenormand, lui-même conscient qu'il ne passerait pas à la postérité.

Enfin, rappelons le constat de Jean Vilar : « Les vrais créateurs dramatiques de ces trente dernières années ne sont pas les auteurs, mais les metteurs en scène. » Le directeur du TNP, par ailleurs créateur du festival d'Avignon, a pourtant cherché, tenté le jeu de la création contemporaine dans le secteur public. En vain. Ce fut son échec majeur.

La crise d'auteurs est toujours invoquée par les directeurs de théâtre, plus ou moins ouvertement, niée naturellement par les auteurs et par certains metteurs en scène, les autres préférant monter les classiques et les étrangers. On peut débattre à l'infini de qualité ou d'esthétique. Cela renvoie au problème de la création contemporaine, dite en crise d'identité, et pas seulement au théâtre. Vaste débat, question abyssale.

Vive concurrence des étrangers et des classiques

Autre contexte invoqué, variante de la crise d'auteurs, mais surtout, fait nouveau. Et ce sont les auteurs qui se plaignent, parfois avec l'humour d'un certain désespoir :

> *Un jour, un festival sera créé…il aura pour raison sociale :*
> *Auteurs vivants joués à la place des morts.*
>
> Victor Haïm

Cela semble incroyable, et pourtant, c'est vrai. Jusqu'au début du XXe siècle, on ne joue pratiquement que les auteurs vivants, français, et presque toujours des créations ! Seule, la Comédie-Française a pour mission de faire vivre le répertoire, donc de monter régulièrement les classiques.

Quant au théâtre étranger, il n'est pas un concurrent direct. Il circule depuis le XVIe siècle, sous forme de troupes – italiennes d'abord, puis anglaises, beaucoup plus rares. Les auteurs français prennent modèle : sur les Grecs et les Latins, ou les Espagnols du Siècle d'or, mais ces œuvres ne sont pas jouées sous leur forme originale. Shakespeare, découvert au XVIIIe, est à ce point « rewrité » qu'il ne se reconnaîtrait pas lui-même (voir page 145).

Au XIXe siècle, les romantiques s'en inspirent, comme du théâtre allemand. Là encore, ce ne sont que des modèles pour les Hugo, Dumas, Musset, Vigny. Et ça ne dure qu'une courte génération.

On en revient à monter les pièces très ou trop « bien faites » d'auteurs franco-français. Notre scène se ferme plus que jamais au répertoire étranger :

> *Restons Gaulois, et que tout ce que nous touchons le devienne.*
> Émile Augier

Ainsi parle l'auteur qui incarne l'École du bon sens – rejet violent des excès (forme et fond) propres au drame romantique.

Notons que le théâtre lyrique est beaucoup plus ouvert au monde, avec le *bel canto*, et les opéras de Mozart, Verdi, Wagner… De même l'univers chorégraphique où le ballet russe fait école.

Tout change avec l'arrivée des metteurs en scène qui, là encore, révolutionnent le paysage théâtral.

Deux pionniers : Antoine, avec sa troupe du Théâtre-Libre, et Lugné-Poë, avec celle de l'Œuvre. Deux esthétiques opposées (naturalisme contre symbolisme), mais ils montent les mêmes auteurs scandinaves, et parfois les mêmes pièces, dans les années 1890 : LES REVENANTS et LE CANARD SAUVAGE, d'Ibsen, MADEMOISELLE JULIE, de Strindberg. À croire qu'on trouve tout, chez les grands auteurs, ou qu'on y trouve ce qu'on y apporte.

Est-ce le manque d'auteurs français, une curiosité universelle, un besoin de découverte insatiable qui les pousse ? Tout cela à la fois. Avec une fidélité à l'œuvre originale qui contraste avec avant, et après !

Copeau prend le relais dans sa petite salle du Vieux-Colombier : son projet de « rénovation dramatique » met le répertoire au cœur de l'entreprise théâtrale, avec un équilibre entre auteurs français et étrangers, créations et reprises, modernes et classiques – il est le premier à les monter, hors la Comédie-Française. Le public est d'abord réticent, puis le cercle des abonnés, initiés, amateurs, intellectuels et artistes, s'élargit peu à peu jusqu'au vrai public, prêt à son tour à découvrir d'autres univers.

Le Cartel succède aux pionniers. Des quatre animateurs, Jouvet reste le plus français, de Molière à Giraudoux. Pitoëff sera le plus cosmopolite : théâtre russe, naturellement (révélation de LA MOUETTE, de Tchékhov), italien (Pirandello), anglais et irlandais (Shakespeare et Shaw en tête), norvégien et suédois, belge et hollandais, polonais, mais aussi arménien, indien... Dullin ressuscite le Siècle d'or espagnol, et joue un contemporain de Shakespeare, Ben Jonson, auteur de VOLPONE. Baty révèle Brecht, en montant L'OPÉRA DE QUAT'SOUS, en 1930. Il est encore trop tôt, et c'est un échec. Le répertoire allemand est peu joué – le nationalisme est profond, contre l'ennemi.

Après la Seconde Guerre mondiale, tous les metteurs en scène, presque sans exception, les Barrault, Vilar, Chéreau, Mnouchkine, Peter Brook, Lavelli, etc., auront à cœur de continuer l'exploration ou de remonter les mêmes noms, sous un autre éclairage. À partir de 1954-1955, la France vit les années Brecht : très joué dans le théâtre populaire et la décentralisation.

Le boulevard, qui s'adresse à un autre public, adapte les pièces fort bien faites du théâtre anglo-saxon, déjà rodées à Londres ou Broadway, cependant que le nouveau théâtre anglais – John Osborne, Harold Pinter, Edward Bond – ou américain – Edward Albee, David Mamet, Sam Shepard – comble un public plus intellectuel. Même le pessimisme noir de l'Autrichien Thomas Bernhard fait recette. L'honneur de Paris est aussi d'être devenu patrie d'élection pour Ionesco, français d'origine roumaine, l'Irlandais Beckett, l'Espagnol Arrabal, et Adamov, né en Russie et d'origine russe, entre autres exemples.

Comparé aux autres secteurs de la création, comme la littérature et l'audiovisuel (cinéma et télévision), la concurrence des classiques et des étrangers est plus forte. C'est un fait. Aux auteurs français d'avoir plus de talent aujourd'hui, ou un autre talent, ou de s'inspirer de ces modèles comme par le passé. À l'heure de la mondialisation, cela fait loi. Et nul ne peut regretter le temps du nationalisme culturel.

Il y a plus menacés ou malheureux ! Auteurs et compositeurs de variétés ont davantage à redouter des anglo-saxons et de l'anglophilie. Quant à l'opéra, c'est quasiment le pré carré des classiques. La « création » est réservée au metteur en scène qui use et abuse souvent de son pouvoir. Plus qu'ailleurs, il répond à la définition de Cocteau :

Un accoucheur auquel il arrive de se prendre pour le père.

Secteur privé ou secteur public ?

Troisième contexte à ne pas négliger. Une dichotomie très française, jusqu'à l'absurde ! Certaines cérémonies de « Molières » en ont donné un exemple assez ridicule, aux yeux du (grand) public de la télévision. Il semblerait que le fossé soit aujourd'hui moins grand, la guérilla moins vive.

Un premier constat : tout au long du XXe siècle, le privé a « créé » la quasi totalité des auteurs, autrement dit, monté pour la première fois les œuvres, et découvert les noms plus tard au répertoire.

Les metteurs en scène, également animateurs et chefs de troupe, avaient leur salle et se lançaient dans une politique de création à un rythme insensé. Lugné-Poë montera 157 auteurs différents, presque tous des révélations ! Au sein du Cartel, Pitoëff est le grand découvreur, 115 auteurs (beaucoup d'étrangers). Tout cela sans aucune aide de l'État.

Le boulevard, sur la lancée du XIXe siècle, continue à monter de nouveaux auteurs et de nouvelles pièces, avec les Guitry, Pagnol, Anouilh et tant de noms qui font encore recette, en reprises. Les directeurs de salle avaient le goût du risque, et les moyens.

Ils sont de plus en plus rares. On peut regretter ce temps-là. Et le nombre croissant de salles dirigées par des « garagistes » – qui se contentent de louer systématiquement leur théâtre en ordre de marche. L'auteur doit alors se trouver un producteur.

Côté secteur public, la création fut l'une des missions proclamées de la politique théâtrale de l'État, au même titre que décentralisation et démocratisation. Elle s'inscrit dans le cahier des charges des entreprises subventionnées. Malheureusement, ces objectifs sont rarement compatibles. Les animateurs en province préfèrent monter et remonter les classiques. On dénonce cette concurrence déloyale des morts, handicap pour la création contemporaine.

Le directeur du TNP a tenté le jeu de la création, dans la petite salle du Récamier : « Ce devrait être le premier souci d'un chef de compagnie théâtrale que de jouer les auteurs de sa génération. »

C'est un échec. Vilar renonce à trouver son « poète violent » et fait un constat désabusé : « Les vrais créateurs dramatiques de ces trente dernières années ne sont pas les auteurs, mais les metteurs en scène. » On en revient à la crise d'auteurs (voir page 172).

Il y a quelques exceptions : Chéreau lance Koltès, au Théâtre des Amandiers de Nanterre (voir page 78).

Il y a des structures bien pensées : aide à la première pièce, aide aux jeunes compagnies, puis aide aux animateurs, tout cela fonctionne sur fonds publics, mais n'est pas suffisant.

Les pouvoirs publics (l'État, parfois la Ville) créent des théâtres destinés à la création. À Paris, c'est la mission de la Colline, théâtre national, la raison d'être et la vocation du Rond-Point. C'est le but des petites salles ouvertes à côté des grandes scènes publiques, y compris la Comédie-Française qui s'en offre deux – Vieux-Colombier et Studio Théâtre.

Jamais autant n'a été fait pour la création en France, au niveau des pouvoirs publics. Et jamais l'insatisfaction n'a paru plus grande, chez les auteurs, tandis que l'écart se creuse entre le public et la création contemporaine – même constat dans la musique.

Entre secteur public et privé, quel terrain de jeu choisir ? Tout dépend de la pièce, faut-il le répéter ? Si l'on est amateur et donc spectateur de théâtre, on comprend très vite la différence. On ne va pas donner une comédie de boulevard au Théâtre de la Colline, ni un drame philosophique au Théâtre des Nouveautés.

Et l'édition théâtrale : pis-aller, impasse ou débouché ?

C'est un moyen d'exister un peu. Mais plus du tout un moyen d'existence. Et une pièce éditée ne fait pas de vous un auteur de théâtre.

Est-ce que l'édition donne une chance d'être joué ?

Le cas Musset est exceptionnel (voir page 39). D'abord, l'« enfant du siècle » était déjà célèbre ; ensuite, il a été sollicité par l'un des grands éditeurs de l'époque, Buloz ; il a écrit pour toucher des droits d'auteur (droit de reproduction) ; enfin, il n'a pas été joué pour autant de son vivant (ou si peu, si mal, si tard).

Quant au projet d'une carrière *post mortem*, plutôt mettre son manuscrit en bouteille et la jeter à la mer, il aura autant de chance de vivre en scène au XXIIe siècle.

Donc, oublions Musset. Et Hugo (THÉÂTRE EN LIBERTÉ), Mérimée (THÉÂTRE DE CLARA GAZUL), Goethe (FAUST II) – trois autres noms célèbres, qui ont écrit pour le livre ce qui était alors injouable, pour diverses raisons.

L'édition théâtrale a pourtant été très utile aux auteurs, et au théâtre.

Ce fut d'abord une source de revenus. Quand le succès, aux XVIIe et XVIIIe siècles, se limite à quelques représentations et qu'un triomphe ne dépasse jamais quelques dizaines, la vente d'un manuscrit, bien négocié à forfait auprès d'un libraire-imprimeur (ancêtre de l'éditeur), rapporte davantage à l'auteur. C'est aussi une façon de se faire connaître, voire reconnaître par le milieu culturel.

Les éditeurs publient les pièces de leurs auteurs, comme leurs romans, essais ou poèmes. Lesage, Marivaux, Voltaire, Diderot,

Beaumarchais au XVIIIe, et tous leurs confrères au XIXe siècle, les Hugo, Dumas, Zola et Cie. Le marché devient florissant, et reste rentable jusque dans les années 1950-1960. Des revues spécialisées, durant plus d'un siècle, vivront de l'édition des nouvelles pièces dont le public est friand. *L'Illustration*, devenue *La Petite Illustration*, publie régulièrement (3 à 4 numéros par an) et tire à 100 000 exemplaires ! Au total, de 1898 à 1936, quelque 900 pièces éditées, signées des meilleurs auteurs de boulevard, Feydeau, Guitry, Bernstein, comme de Rostand, Giraudoux et d'autres.

L'édition est aussi la mémoire universelle et historique du répertoire.

Le spectacle vivant est par nature mortel, mais l'écrit nous reste. Avant l'imprimerie (vers 1450), des manuscrits sont publiés (littéralement, « rendus publics »). De l'Antiquité grecque, il reste très peu de textes signés Eschyle (7 pièces sur 90), Sophocle (7 sur 123), Euripide (19 sur 93). C'est assez pour qu'ils servent de modèle, au XVIIe siècle et bien au-delà.

L'imprimerie permet de reproduire les textes à moindre coût et plus grande échelle, donc de les faire circuler. Certains auteurs sont fort soucieux d'édition – Lope de Vega, Corneille. D'autres ont la scène pour priorité – Hardy, et Molière, tant de textes perdus !

L'essentiel est conservé. C'est une part du patrimoine culturel de l'humanité. Beaucoup d'auteurs et/ou d'œuvres maudites ont pu être retrouvés, montés, ressuscités à plusieurs reprises. Dans le répertoire musical, la redécouverte du baroque fut une divine surprise, pour les yeux et les oreilles.

Le déclin de l'édition théâtrale au XXe siècle tient au théâtre et à l'édition.

Le théâtre contemporain est moins écrit, moins littéraire. Il y a un rejet de la « pièce bien faite ». La mode est à l'écriture scénique du metteur en scène, au dramaturge et au scénographe, qui éclipsent l'auteur. Enfin, le théâtre n'est plus un fait de société majeur. Le théâtre ne se lit pas, ne se vend pas.

Le contexte économique général de l'édition française a changé. L'éditeur paternaliste publiait, dans l'entre-deux-guerres, des auteurs à perte, « pour le plaisir » (belle devise de Grasset), le prestige, et dans l'espoir qu'à terme, ils trouvent leurs lecteurs. Aujourd'hui, l'édition a modifié ses structures et revu sa politique éditoriale : l'exigence de rentabilité des capitaux a peu d'égard pour l'exception culturelle, théâtrale ou poétique. Seul un système de subventions permet à ce secteur (privé à 99 %) d'éditer encore des pièces.

L'Avant-scène théâtre perpétue la tradition de *La Petite Illustration*. Les auteurs se bousculent. Les revues spécialisées, même avec un mécénat professionnel, ont une espérance de vie brève et une diffusion confidentielle.

Jusque dans les années 1960, les grands éditeurs publiaient les pièces de Claudel, Giraudoux, Sartre, Camus ou Beckett, au même titre que le reste de leur œuvre littéraire, fiers d'avoir chacun sa collection « théâtre » : *Le Manteau d'Arlequin* (Gallimard), *Théâtre Ouvert* (Stock) offraient le meilleur du répertoire de leur époque.

Depuis les années 1980, ces éditeurs ont, sauf exception et pour quelques auteurs-maison, délaissé le genre, remplacés par des petits éditeurs militants : *Actes Sud*, *Éditions théâtrales*, *L'Arche* (répertoire étranger et francophone). Tandis que sur la Toile, interrogée d'un clic, une liste impressionnante d'éditions théâtrales se déroule... À vous de voir, d'explorer. Pour ne donner qu'un exemple, *Art & Comédie* est une bonne adresse.

Que sera l'avenir ? De nouveaux moyens de diffusion se répandent : micro-édition, CD-Rom, blog et site Internet, édition en ligne... Pourquoi pas une édition virtuelle, soit tout le texte pour se faire connaître, soit quelques scènes tournées avec une vraie caméra-stylo ? Cela convient à une chanson mieux qu'à une pièce de théâtre, mais un sketch peut facilement se donner ainsi à voir et entendre.

Tout est imaginable, *post scriptum*.

ÉPILOGUE

Toujours vivant, le théâtre aura toujours besoin d'auteurs

Le théâtre a triomphé de toutes les crises, démenti tous les prophètes de malheur et tous les pessimismes, dans le passé (voir page 65). On peut donc lui prédire un bel avenir. Et comme il a toujours besoin de textes, sous quelque forme que ce soit, c'est aux auteurs de jouer ! Cet avenir sera aussi leur œuvre.

Le XXe siècle a certes rétréci l'espace théâtral, entamé sa popularité comme son prestige, mais élargi en même temps le champ d'expression ouvert aux auteurs et leur choix de carrière. Le théâtre mène à tout, ou tout peut mener au théâtre.

Demain plus qu'aujourd'hui et bien plus qu'hier, l'auteur a donc une chance de vivre de son métier – travail, talent, passion, vocation. Les débouchés n'ont jamais été si nombreux. Dans les loisirs concurrents : cinéma, télévision, variétés, mais encore publicité, jeux vidéo, sites Internet aux possibilités infiniment ouvertes (multimédia, interactif), etc.

Au XXIe siècle, Shakespeare, Lope de Vega ou Hugo auraient d'innombrables tentations, et autant d'occasions d'exprimer leurs idées, d'appliquer leur imaginaire, de conquérir le monde !

Dernier atout dans son jeu, l'auteur de théâtre bénéficie d'un statut, déjà ancien et périodiquement réformé, plus protecteur en France que partout ailleurs.

---------- Un vrai statut pour l'auteur de théâtre dramatique ----------

> *L'artiste serait-il à jamais un sinistré de la vie de bohème,*
> *et non un citoyen qui aurait les droits des autres !*
> François Mitterrand

L'auteur a un régime propre de Sécurité sociale (géré par l'AGESSA) depuis 1977. Tous les risques de la vie sont couverts – mais pas le chômage, risque professionnel incommensurable et inassurable. Les auteurs n'étant pas salariés comme les interprètes et les techniciens, ils ne peuvent bénéficier du fameux régime des « intermittents du spectacle ».

Une fiscalité adaptée permet l'étalement (sur 3 ou 5 ans) des revenus sous forme de droits d'auteur. Ce n'est pas un privilège : l'impôt calculé sur l'année pénalise, par sa progressivité, des droits par nature irréguliers. D'autres pays font plus encore et les revenus artistiques y sont pratiquement non imposables. D'où l'attrait irrésistible de la verte Irlande… Et la bonne Belgique qui permet des arrangements passant par un montage de sociétés. Une condition : y résider au moins six mois de l'année. Seuls les très gros revenus ont intérêt à s'expatrier.

Le droit d'auteur (ou propriété littéraire et artistique) protège les intérêts matériels et moraux de l'auteur. En France, c'est une tradition, disons même, une exception culturelle. Un monument législatif peut-être en péril, avec l'économie virtuelle, la mondialisation, le *copyright* à l'américaine. Mais la résistance est forte et bien organisée par les professionnels, pour conserver ces droits acquis.

Les sociétés d'auteurs, c'est l'union qui fait la force : pour une gestion collective, utile, voire indispensable du droit et des droits. Les auteurs en début de carrière profitent de leur politique d'aide à la création, les plus gros professionnels sont gagnants sur les régimes spécifiques de retraite, bien pensés. Merci à Beaumarchais ! (voir page 32).

Tous les pays qui protègent leurs auteurs ont une société pour les droits musicaux (équivalent de la SACEM), mais les sociétés de droits dramatiques (type SACD) sont très rares. Les auteurs ont alors recours aux services d'un agent, notamment dans les pays anglo-saxons. Cela pénalise l'auteur débutant ou peu connu, dont le pourcentage sur la recette-salle est toujours inférieur (de moitié) à celui des noms vedettes, en vertu de la loi du marché.

L'aide institutionnalisée aux auteurs est double : directe, en espèces ou en nature, ou indirecte, par la subvention des diverses institutions théâtrales (surtout publiques), dans le cadre d'une politique culturelle plus ou moins généreuse.

La France a une longue tradition de mécénat d'État, héritée de l'Ancien Régime, et toujours menacée, mais toujours vivante. Le ministère de la Culture est une création beaucoup plus récente. André Malraux l'a inauguré en 1959, de par la volonté du général de Gaulle, et le Président Mitterrand en 1981 lui a donné des crédits plus importants – 1 % du budget national. En 2008, près de 3 milliards d'euros, dont 640 millions pour le spectacle vivant.

Un statut d'auteur, ce n'est pas une raison pour se lancer dans l'écriture, mais quand on a décidé de le faire, c'est une information utile : réalité juridique et sociale plutôt rassurante, au regard de certains constats économiques ou artistiques fâcheux.

Conclusion, en quelques mots ? Céder au « mal rouge et or » cher à Cocteau ! Écrire pour la scène, le plus beau métier du monde, avec toutes les difficultés que nous avons pu évoquer, en compagnie des plus grands auteurs.

Témoins à charge ou à décharge déjà cités, rappelons à la barre deux d'entre eux :

> *Les ouvrages de Théâtre, Monsieur, sont comme les enfants des femmes : conçus avec volupté, menés à terme avec fatigue, enfantés avec douleur et vivant rarement assez pour payer les parents de leurs soins, ils coûtent plus de chagrins qu'ils ne donnent de plaisirs.*
>
> Beaumarchais

Oui ! Mais… l'homme a vécu une belle vie ! Son BARBIER DE SÉVILLE a fait le tour du monde, sa fortune, sa gloire. Il reste comme un auteur de génie, n'ayant jamais renoncé à écrire pour la scène, même une médiocre et ultime pièce…

Dernière leçon de l'histoire, en passant : les plus grands ont pu commettre le pire. La création a toujours droit à l'erreur et dans une œuvre, la postérité ne retient que le meilleur.

Rappelons plutôt, pour finir, les mots d'un autre auteur :

> *Pourquoi ai-je fait du théâtre ? Je me le suis souvent demandé.*
> *La seule réponse que je puisse faire jusqu'à présent*
> *vous paraîtra sans doute d'une décourageante banalité :*
> *tout simplement parce que le théâtre est l'un des lieux du monde*
> *où je suis heureux.*
> Albert Camus

La passion partagée avec Maria Casarès, star des années 1950, était peut-être une raison pour l'auteur. Importance de la Rencontre, à la ville comme à la scène…

La scène du Palais Royal en 1641.

Index général

A

absurde 29, 50, 54, 55, 58, **68**, **69**, **72**, 79, 80, 85, 86, 87, **95**, 96, 104, 108, 116, 119, 120, 135, 140, 151, 153, 157, 162, 166, 176

Académie (française) 15, 21, 26, 38, 46, 50, 51, 52, 70, 118, 135, 144

acteur 1, 3, 9, 10, 13, 16, 17, 18, 19, 20, 24, 29, 34, 36, 37, 40, 44, 45, 48, 52, 53, 55, 61, 62, 63, 67, 74, 77, 80, 84, 88, 89, 90, 97, 98, 105, 106, 114, 115, 126, 130, 131, 132, 135, 138, 140, 141, 143, 149, 150, 151, 156, 159, 160, 163, 167, 169, 170

action 9, 14, 16, 29, 30, 32, 33, 35, 54, 66, 67, 69, 74, 88, 93, 100, 110, 117, 118, **134**, 155, 161, 162, 164

adaptateur, adaptation, adapter 2, 11, 14, 16, 19, 25, 32, 42, 43, 45, 46, 49, 80, 81, 84, 85, 103, 113, 116, 118, 129, 131, 137, **141**, **142**, **143**, 145, 146, 157, 158, 163, 164, 175, 182

âge **10**, **11**, 13, 24, 39, 41, 46, 52, 55, 59, 62, 74, 75, 78, 89, 160

alcool, alcoolique 24, 40, 56, 84

amateur 2, 5, 7, 29, 55, 56, 60, 65, 77, 94, 105, 127, 128, 130, 143, 146, 169, 175, 178

Anglais, Angleterre 15, 17, 29, 64, 68, 96, 75, 145, 150, 175

aparté 163

apprendre, apprentissage 10, 17, 20, 24, 44, 68, **126**, 127

auteur-acteur 10, 13, 20, 34, 44, 48, 53, 62, 77, 89, 106, 126, 130, **140-141**, 151, 169

avant-garde 64, 87

B

ballet 14, 18, 23, 24, 25, 29, 30, 65, 87, 88, 89, 94, 107, 109, 110, 111, 117, 174

boulevard 10, 29, 35, 36, 37, 39, 43, 44, 45, 48, 50, 51, 52, 54, 56, 61, 63, 64, 66, 67, 68, 69, 77, 87, 88, 90, 92, **96**, **97**, **98**, 99, 100, 103, 120, 129, 130, 135, 151, 152, 160, 161, 165, 170, 175, 176, 178, 179

185

bourgeois 17, 35, 37, 38, 39, 41, 43, 46, **49**, **50**, 54, 55, 58, 63, 66, 67, 68, 69, 86, 94, 98, 99, 103, 108, 111, 134, 149, 152

C

cabale 11, 23, 32, 39, 41, 149, 153

cabaret 88, 89, 115

café-théâtre 88, 98, 130

carrière 2, 9, 10, 11, 14, 16, 21, 24, 33, 37, 38, 39, 41, 42, 45, 49, 50, 52, 56, 59, 60, 63, 64, 71, 77, 97, 98, 100, 106, 107, 124, 125, 142, 143, 145, 149, 152, 171, 178, 181, 182

Cartel (le) 61, 63, 169, 175, 176

censure 18, 26, 27, 32, 35, 37, 41, 47, 48, 65, 89, 132, 139, 147, 151, 152, 165

chanson 3, 26, 93, 114, 115, 116, 119, 133, 141, 167, 180

chansonnier 45, 88, 94, 114, 115

chef de troupe 17, 35, 80, 127, 151

chômage 65, 76, 90, 182

cinéma 2, 3, 14, 36, 42, 53, 54, 55, 64, 66, 74, 84, 87, 91, 97, 98, 107, 112, 114, 115, 116, 127, 130, 134, 138, 143, 149, 151, 161, 163, 164, 167, 170, 172, 176, 181

cirque 26, 44, 80, 88, 107, 115

classiques (auteurs) 17, 22, 61, 97, 98, 102, 106, 108, 134, 146, 153, 164, **173**, **175**, **176**, 177

clou 36, 108, 111, 112

collaboration (écrire en) 18, 38, 45, 49, **51**, **52**, 55, 64, 97, **128**, **129**, **130**, **131**

comedia 88, 144

comédie 13, 14, 16, 18, 19, 20, 21, 22, 23, 25, 27, 29, 30, 38, 48, 49, 51, 61, 63, 78, 80, 83, 85, 86, 88, **99**, **100**, **101**, 102, 104, 105, 106, 110, 117, 119, 120, 126, 128, 129, 139, 151, 156, 170

Comédie-Française, Comédiens-Français 10, 20, 26, 27, 28, 29, 30, 31, 32, 33, 34, 36, 38, 40, 41, 43, 44, 48, 50, 53, 58, 60, 63, 65, 70, 79, 97, 109, 111, 145, 153, 159, 173, 175, 177

Comédie-Italienne, Comédiens-Italiens 10, 20, 26, 27, 31

commedia dell'arte 2, 15, **19**, **20**, 27, 74, 76, 88, 90, 105, 106

concurrence 2, 13, 17, 26, 29, 65, 66, 120, 168, 169, 171, 172, 173, 176, 177

copie **144**

coupe 122, 131, 167, 169

court(e) (écrire, pièce, forme) 26, 38, **57**, **59**, 89, 92, 93, 104, 116, 120, 137, **156**, **157**

coût (de production) 65, 89, 108, 113, 138, 179

création 2, 3, 9, 14, 16, 19, 20, 24, 27, **28, 29**, 31, 33, 34, 37, 39, 42, 55, 59, 65, 71, 75, 77, 80, 81, 85, 110, 118, **123, 124, 125**, 138, 143, 147, 153, 154, **169**, 170, 173, 175, **176**, 177, 182, 183

création collective 19, 74, 87, **130, 131**

crise 3, 14, **64, 65, 66**, 74, 97, 113, 169, **171, 172, 173**, 177, 181

critique 13, 14, 21, 25, 32, 37, 39, 42, 43, 49, 50, 52, 53, 58, 62, 67, 68, 77, 80, 96, 101, 118, 127, 131, 142, 152, 157, 173

D

décentralisation 175, 177

décor 30, 42, 63, 74, 85, 98, 105, 110, 111, 112, 138, 159

détournement 80, 92, 107

dialogue 9, 12, 13, 27, 32, 37, 39, 54, 58, 59, 64, 67, 68, 92, 109, 117, 123, 131, 136, 140, 155, 156, 157, 158, 159, 161, **162, 163, 164**, 166, 167, 169

didascalies 36, 53, 54, 71, 112, **158, 159, 160**, 167

directeur 3, 16, 17, 29, 41, 48, 51, 62, 70, 78, 90, 130, 133, 149, 168, 170, 172, 173, 176, 177

drame 14, 30, 31, 32, 36, 38, 39, **40, 41, 42, 43, 46, 48**, 57, 59, 63, 83, 85, 86, 89, 97, 98, 99, 100, **101, 102, 103, 104**, 117, 119, 145, 152, 154, 161, 165, 170, 174, 177, 178

droit(s) d'auteur 21, 32, 33, 77, 79, 144, 145, 149, 178, 182

E

échec 3, 11, 31, 42, 49, 53, 70, 73, 126, 142, 149, 152, 173, 175, 177

école 11, 13, 17, 19, 25, 34, 66, 78, 80, 106, 116, 126, 127, 128, 131, 163, 174

édition théâtrale 156, **178, 179, 180**

église 26, 28, 93, 94

élisabéthain (théâtre) 2, 14

enfant(s) 10, 15, 24, 37, 39, 44, 46, 59, 67, 72, 76, 77, 79, 89, 120, 131, 136, 146, 148, 149, 155, 166, 178, 183

engagé, engagement 48, 56, 57, 69, 75, 126

épique, épopée 8, 9, 14, 41, 55, 60, 89, 100, 107, 117, 134, 157

Espagne, Espagnol 2, 10, 14, 15, 21, 31, 32, 95, 101, 144, 153, 174, 175

État 20, 32, 33, 57, 66, 89, 152, 169, 176, 177, 183

étrangers (auteurs) 13, 71, 79, 103, 139, **142, 144, 145**, 153, 172, **173, 174, 175, 176**, 180

F

faillite 17, 31, 48, 64, 65, 80, 149

famille 11, 16, 17, 25, 37, 44, 46, 49, 51, 76, 78, 89, 146, 170

farce 12, 13, 16, 19, 37, 49, 55, 57, 58, 69, 71, 85, 86, 89, 94, **104, 105, 106, 107**, 114, 116, 126, 134, 150, 151, 166

femme 15, 19, 23, 30, 46, 48, 59, 62, 71, 73, **75**, 76, 77, **78**, 94, 105, 115, 140, 152, 158

film 1, 37, 45, 62, 63, 64, 67, 74, 79, 85, 92, 98, 107, 110, 113, 114, 134, 135, 141, 149, 151, 158, 169

finir 15, 31, 41, 54, **165, 166**, 184

fiscalité 32, 119, 182

foire 20, **26, 27, 28, 29**, 38, 53, 74, 88, 90, 92, 96, 107, 119, 120, 147

folie, fou 29, 38, 53, 54, 56, 70, 80, 84, 90, 94, 95, 99, 103, 108, 110, 113, 120, 125, 127, 143, 150, 153, 155, 166

fond 12, 46, 59, 79, 95, 100, 117, 119, **135**, 150, 152, 168, 174

forme 93, 100, 102, 103, 114, 116, 117, 118, 119, 120, 125, 128, **135**, 137, 144, 146, 147, 148, 150, 152, 168, 173, 174, 182

fortune 2, 15, 16, 21, 24, 29, 31, 33, 35, 42, 47, 64, 77, 95, 120, 133, 146, 183

G

génie 2, 10, 11, 12, 13, 14, 17, 21, 22, 25, 29, 36, 38, 40, 41, 42, 44, 46, 47, 49, 52, 59, 64, 70, 84, 99, 111, 117, 120, **123, 124**, 126, 128, 130, 133, 137, 142, 144, 145, 146, 148, 162, 183

genre 21, 25, 26, 27, 29, 30, 35, 36, 38, 53, 54, 61, 65, 68, 70, 78, **83, 84, 85, 86, 87, 88, 89, 90, 91, 92, 93, 94, 95**, 97, 98, 99, **100**, 101, 102, 105, 106, 107, 108, 109, 113, 116, 117, 118, 119, 120, 122, 123, 125, 126, 131

genres (mélange des) 12, 13, 14, 60, 80, 86, 104, 106, 107, 109, 120

grand spectacle (pièce ou théâtre à) 30, 53, 55, 89, 90, 91, 93, 94, 97, 100, **107, 108, 109, 110, 111, 112, 113**, 120, 129, 138, 142

Grand-Guignol 58, **84**, 85, 90, 135

Grecs 3, 12, 13, 95, 116, 174

grève de la plume **32**, 33

guerre comique 2, 20, **26, 27**, 90

Guignol 68, 84, 90, 116, 147, 163

H

homosexuel 24, 54, 64, 72, 79, 97

I

imitation 93, 144, 146, 147

industrie du spectacle 2, 65, 97, 111, 129, 142, 169

innovateur, innovation, innover 21, 28, 30, 64

interprète 27, 28, 30, 36, 42, 43, 103, 113, 114, 116, 128, 140, 158, 160, 165, 169, 182

Italie, Italiens 10, 15, 16, 19, 20, 22, 26, 27, 88, 106, 117, 131

L

Latins 12, 13, 174

lecture publique **168**, **169**

liberté 14, 28, 29, 34, 40, 65, 70, 87, 100, 116, 117, 132, 141, 147, 152

librettiste, livret 23, 24, 28, 30, 32, 39, 45, 46, 51, 52, 77, 92, 109, 110, 111, 117, 120, 129, 132, 146, 147, 152

loi 12, 18, 34, 101, 112, 113, 129, **133**, **134**, **135**, 137, 149, 150, 170, 182

longueur 156, 164, 167

M

machines, machinerie 21, 36, 93, 100, 108, **109**, **110**, **111**, 112, 133

machiniste 24, 109, 110, 113, 129, 133

mal (le) 36, 46, 48, 56, 63, 73, 78, 79, 91, 132, 145, 152

malade, maladie 18, 40, 52, 54, 70, 79

marginal, marginalité 72, 73, 79

marionnette 26, 45, 55, 89, 90, 147

masque(s), masqué(s) 19, 56, 76, 88, 90, 105, 106

masse (théâtre de) 90, 108, 113

mécénat, mécène 2, 13, 16, 20, 109, 180, 183

mélodrame **35**, **36**, **37**, 43, 53, 83, 91, 99, 100, 102, 112, 114, 118, 135, 142

métier 3, 10, 11, 16, 19, 29, 40, 47, 49, 69, 76, 77, 81, 122, 123, **124**, **125**, **126**, 127, 133, 140, 141, 160, 168, 169, 181, 183

metteur en scène 1, 2, 17, 29, 40, 48, 58, 77, 79, 85, 91, 97, 106, 111, 113, 131, 133, 137, 142, 143, 153, 159, 160, 167, 169, 170, 172, 173, **174**, **175**, **176**, 177, 179

mise en scène 42, 53, 54, 71, 78, 99, 108, 137, 143, 157, 159

mode 22, 25, 29, 39, 59, 75, 83, 85, 88, 89, 90, 95, 102, 104, 106, 119, 129, 135, 137, 142, 145, 148, 149, 150, 152, 171, 179

modèle 10, 14, 16, 21, 23, 28, 29, 30, 35, 46, 97, 145, 146, 162, 174, 176, 179

monologue 26, 32, 40, 53, 63, 71, 114, 165

monstre sacré 40, 47, 52, 103

mort (la) 10, 18, 37, 40, 42, 48, 73, 79, 92, 98, 109, 117, 129, 132, 145

Moyen Âge 2, 12, 26, 44, 66, 72, 76, 89, 90, 91, 92, 94, 101, 104, 105, 108, 111, 113

muse 23, 28, 42, 43, 52, 61, 62, 63, 103, **140**, 184

music-hall 26, 56, 80, 88, 91, 94, 108, 112, 113, 115

mythe **8**, 9, **10**, **13**, 56, 61, 63, 80, 95, 109, 110, 117, 143, **146**

N

naturel 13, 18, 29, 44, 77, 128, 167

nouveau théâtre 52, 55, 68, 70, 175

O

one-man (woman) show 92, 107, **113**, **114**, **115**, 137, 139, 141, 151

opéra 2, 11, 13, 22, 23, **24**, **25**, 30, 32, 39, 42, 51, 62, 66, 81, 92, 94, 107, **109**, **110**, 111, 116, 117, 128, 147, 153, 154, 155, 174, 176

Opéra (de Paris) 11, 21, 26, 30, 31, 65, 109, 111, 120, 135, 149

opéra-comique **29**, 30, 31, 51, 77, 88, 92, 95, 119, **120**, 128, 147

P

Paris 10, 11, 17, 18, 20, 22, 23, 25, 26, 27, 30, 31, 36, 38, 40, 41, 42, 44, 52, 55, 58, 59, 60, 62, 64, 65, 66, 68, 70, 74, 76, 77, 78, 79, 80, 85, 88, 90, 96, 98, 103, 105, 106, 108, 109, 111, 112, 113, 115, 120, 124, 131, 139, 145, 151, 157, 171, 175

parodie 12, 29, 37, 45, 53, 55, 69, 92, 114, 143, 146, **147**

passion 15, 21, 22, 23, 59, 60, 63, 123, **124**, **125**, 132, 154, 166, 181, 184

pastiche 93, 143, **147**

pauvre (théâtre) 138

personnage 7, 8, 9, 12, 13, 15, 17, 20, 22, 24, 27, 31, 32, 37, 42, 43, 46, 47, 50, 54, 55, 56, 58, 59, 60, 61, 62, 64, 66, 67, 69, 70, 71, 73, 76, 89, 90, 93, 94, 96, 97, 98, 100, 101, 102, 104, 105, 106, 108, 113, 117, 119, 136, 139, 142, 143, 144, 146, 155, 158, 159, **160**, **161**, **162**, 163, 164, 165, 166, 170

pièce à machines 93, **109**, **110**

pièce à thèse 93, 94, 97, 152, 165

pièce bien faite 2, 29, **38**, **39**, 50, 53, 93, 101, 104, 120, 129, 134, 179

pièce en un acte 49, 53, 54, **57**, 62, **63**, 84, 93

plagiat 21, **144**, **145**, 146, 147

plan 5, 14, 38, 71, 149, **155**, **156**, 164, 165

poème, poésie, poète 8, 9, 10, 14, 15, 16, 34, 41, 45, 59, 63, 68, 70, 84, 89, 102, 104, 110, 116, 118, 127, 131, 132, 133, 136, 177, 178 populaire (théâtre, spectacle) 13, 34, 56, 70, 88, 89, 90, 93, 98, 103, 108, 112, 175

présentation 4, 157, 160, 167

prix Nobel 56, 72

procès 10, 15, 33, 38, 41, 85, 108, 147, 151

producteur 17, 74, 97, 130, 149, 168, 169, 170, 177

professionnel 10, 11, 16, 19, 33, 37, 38, 46, 53, 56, 57, 65, 66, 76, 77, 90, 97, 98, 100, 105, 106, 127, 129, 130, 131, 167, 171, 180, 182

province 18, 60, 80, 109, 114, 171, 177

psychologie 54, 56, 69, 134, 155, 160

public (spectateurs) 13, 16, 18, 21, 28, 34, 35, 36, 37, 38, 39, 41, 42, 47, 48, 49, 52, 53, 54, 58, 60, 62, 63, 66, 70, 73, 80, 85, 87, 89, 90, 91, 93, 96, 99, 104, 106, 107, 112, 113, 115, 120, 134, 135, 137, 138, 142, 143, 144, **148, 149, 150**, 157, 163, 164, 175, 179

R

recette 32, 33, 43, 89, **133**, 151, 153, 175, 176, 182

règle 9, 14, 15, 16, 21, 30, 36, 40, 44, 49, 54, 69, 77, 81, 87, 96, 99, 100, 101, 102, 122, 128, 130, 131, **133, 134, 135**, 148, 149, 152, 156

religieux, religion 14, 65, 74, 90, 91, 92, 93, 101, 108, 111

relire 127, 166

rencontre **26, 27**, 47, 50, **60, 61**, 70, **78**, 93, 131, 133, **170, 171**, 184

répertoire 2, 3, 7, 9, 16, 19, 21, 27, 29, 30, 31, 36, 37, 40, 41, 42, 43, 44, 45, 51, 52, 53, 58, 59, 61, 64, 72, 76, 77, 79, 81, 83, 84, 85, 86, 87, 90, 91, 92, 93, 94, 95, 97, 100, 101, 106, 108, 130, 131, 135, 139, 144, 146, 147, 152, 154, 163, 168, 173, 174, 175, 176, 179, 180

résumé 87, 160

retraite 11, 13, 50, 182

revue **28**, 45, 81, 85, 94

revue de music-hall 94, **112**, 129

rire **11**, 19, 32, 35, 50, 53, 54, 55, 63, 84, 90, 96, **97**, 98, 99, **101**, **104**, 106, 107, **114**, 115, 132, 137, 147, 148, **150, 151**, 152

roman 16, 25, 37, 43, 45, 46, 47, 48, 53, 64, 77, 85, 93, 127, 133, 136, 142, 148, 155, 157, 158, 159, 178

romancier 1, 2, 10, 35, 45, 47, 49, 51, 53, 60, 63, 70, 77, 127, 132, 133, 142, 143, 159

romantique 10, 13, 30, 35, 37, 38, **39, 40, 41, 42, 43**, 49, **52**, 53, 63, 69, 86, 94, **102, 103**, 112, 129, 132, 134, 135, 149, 152, 174

rond (Théâtre en) 84, **85**, 94

rue (théâtre, spectacle de) 80, 88, 90, 94, 105, 111

rumeur 18, 22, 36, 153

S

SACD 33, 182

SACEM 182

salle 3, 18, 20, 21, 23, 24, 26, 29, 33, 35, 36, 38, 39, 43, 45, 47, 48, 50, 52, 54, 57, 59, 62, 64, 65, 66, 76, 80, 84, 85, 90, 92, 94, 97, 98, 106, 111, 114, 115, 120, 127, 130, 134, 138, 150, 151, 153, 154, 156, 163, 168, 169, 170, 171, 174, 176, 177

scandale 15, 18, 32, 34, 38, 41, 46, 55, 63, 70, 73, 77, 79, 103, 132, 144, 145, **151, 152, 153**

scène d'exposition 164

second métier 21, 140, 161

secteur privé 76, 138, 176

secteur public 65, 76, 131, 138, 173, 176, 177

Sécurité sociale 182

Siècle d'or (espagnol) 2, 9, 10, 14, 15, 103, 144, 174, 175

sketch 12, 59, 71, 83, 88, 94, 107, 113, 114, **115, 116**, 137, 141, 147, 151, 180

spectacle vivant 1, 2, 3, 66, 89, 120, 169, 171, 179, 183

statut (de l'auteur) 65, 181, **182, 183**

subvention 65, 169, 180, 182

succès 3, 9, 22, 24, 26, 27, 29, 30, 31, 32, 39, 40, 43, 45, 46, 49, 50, 51, 53, 55, 58, 60, 63, 74, 76, 77, 80, 85, 92, 97, 102, 103, 104, 112, 126, 129, 137, 142, 147, 148, 151, 152, 156, 158, 178

sujet 4, 25, 32, 41, 56, 57, 95, 97, 98, 100, 103, 112, 119, 135, 136, 137, 139, 141, 148, 150, 153, 154, 161, 163, 166

surréalisme, surréaliste 54, 55, 63, 80, 153

T

talent 3, 10, 12, 15, 16, 24, 27, 28, 34, 38, 40, 44, 46, 47, 49, 51, 54, 57, 58, 63, 77, 79, 96, 98, 109, 114, 116, 119, 122, **123**, 125, 130, 131, 133, 137, 140, 141, 143, 144, 146, 147, 148, 149, 153, 163, 166, 176, 181

technique 4, 39, 50, 74, 75, 108, 112, 122, 133, 138, 159

technologie 120, **137, 138**

théâtre et société **2, 3**, 65, 66, 94, 181, 182, 183

théorie 41, 42, 54, 57, 87, 100, 102, 103, 118, 127

tirade 53, 162, 165

titre 16, 18, 68, 74, 84, 101, 125, **157, 158**, 161

touche-à-tout 63, 126

tournée(s) 16, 17, 61, 84, 87, 113, 126, 180

tradition 4, 30, 65, 75, 91, 98, 111, 140, 146, 180, 182, 183 traduction 13, 30, 145, 146, 157, 163

tragédie 2, 9, 13, 14, 16, 19, **21, 22, 23,** 25, **29, 30,** 32, 34, 36, 42, 45, 48, 55, 63, 66, 74, 79, 85, 86, 94, 95, 99, 100, 101, 102, 104, 106, 108, 109, 110, 111, **116, 117, 118, 119,** 126, 134, 137, 145

tragi-comédie 14, 16, **21,** 88, 95, 144

trahison 13, 24, 109, 146, 163

travail 15, 61, 74, 95, **123, 125,** 128, 129, 130, 146, 164, 181

travesti 27, 40, 76

tréteau nu 138

trilogie 59, 64, 66, 102, 163

triomphe 9, 10, 11, 24, 28, 30, 31, 32, 34, 35, 37, 41, 43, 46, 48, 52, 53, 54, 60, 64, 70, 74, 85, 102, 104, 120, 142, 144, 147, 157, 178

troupe 10, 11, 13, 16, 18, 19, 20, 22, 27, 28, 35, 41, 44, 55, 56, 61, 74, 76, 78, 80, 81, 84, 87, 89, 105, 106, 112, 120, 127, 130, 131, 139, 151, 173, 174, 176

V

vaudeville **29, 38, 39,** 45, **49,** 51, **53, 54,** 83, 88, 90, 95, 96, 97, 100, 118, **119, 120,** 134, 151

vedette 1, 35, 37, 39, 44, 45, 51, 74, 77, 85, 90, 97, 98, 106, 109, 110, 114, 129, 130, 140, 172, 182

vivre de sa plume **15, 16,** 40, 48, 181

vocation 1, 3, 16, 17, 21, 38, 44, 53, 58, 63, 69, 78, 80, 114, 122, 125, 126, 127, 131, 132, 141, 153, 166, 172, 177, 181

voyage 49, 59, 60, 70, 74, 78, 79, 81

Index des noms propres

A

ADAMOV Arthur 96, 175

ANOUILH Jean 67, **68**, 71, 98, 146, 160, 176

ANTOINE André 53, 58, 76, 84, 98, 142, 169, 172, 174

ARISTOPHANE 11, 55, 67, 100, 147

ARISTOTE 100, 117, 118, 123, 134

ARRABAL Fernando 96, 132, 153, 175

ARTAUD Antonin 56, 153

AUGIER Émile 39, 174

AYMÉ Marcel 99, 152

B

BALZAC Honoré de 37, 47, 48, 156, 159

BARRAULT Jean-Louis 37, 60, 70, 133, 142, 169, 175

BATY Gaston 142, 169, 175

BEAUMARCHAIS Pierre Augustin Caron de 25, **31**, **32**, **33**, 100, 102, 132, 151, 161, 179, 183

BECKETT Samuel 68, **70**, **71**, **72**, **73**, 96, 107, 118, 139, 153, 159, 180

BÉJART (les) 17, 44

BERNHARDT Sarah 40, 45, 52, 76, 103, 140

BRECHT Bertolt 34, 37, 89, 91, 93, 103, 132, 175

C

CALDERON de la Barca Pedro 10, 144

CAMUS Albert 1, 70, 95, 180, 184

CASARÈS Maria 78, 184

CHAMPMESLÉ la 23, 25, 140

CHAPLIN Charlie 107

CHÉNIER Marie-Joseph (de) 34, 35, 118

CHÉREAU Patrice 78, 175, 177

CLAUDEL Paul 10, 59, 60, 78, 79, 103, 123, 180

COCTEAU Jean 63, **64**, 103, 118, 139, 140, 160

COPEAU Jacques 60, 109, 138, 142, 169, 172, 174

COQUELIN Constant 52, 140

CORNEILLE Pierre 2, 11, 17, **21**, **22**, 23, 30, 45, 88, 100, 110, 117, 118, 130, 132, 138

CORNEILLE Thomas 117, 142

COURTELINE Georges 45, **57**, **58**, 84, 93, 96, 97, 100, 105, 107, 126

D

DELAVIGNE Casimir 37, 38, 102

DULLIN Charles 169, 173, 175

DUMAS Alexandre 42, **43**, 51, 97, 102, 103, 129, 136, 142, 174, 179

DUMAS fils Alexandre 39, 44, **46**, **47**, 49, 97, 103, 142, 152

E

ESCHYLE 9, 10, 116, 147, 179

ESSLIN Martin 96

EURIPIDE 10, 116, 147, 179

F

FAVART Charles-Simon 28, 120

FEYDEAU Georges 29, 39, 45, 50, **53**, **54**, **55**, 58, 96, 97, 99, 100, 105, 107, 120, 134, 143, 150, 159, 162, 164, 179

FLAUBERT Gustave 142, 159, 167

G

GENET Jean 72, 73, 79, 96, 118, 153

GIRAUDOUX Jean 9, **60**, **61**, 118, 133, 144, 146, 171, 175, 179, 180

GOETHE Johann Wolfgang von 86, 146, 178

GUITRY Lucien 10, 52, 61, 62

GUITRY Sacha **61**, **62**, 63, 93, 98, 158, 161, 172

H

HARDY Alexandre **15**, **16**, 18, 115, 179

HOMÈRE 8, 9, 13, 117, 134

HUGO Victor 8, 10, 39, **41**, **42**, **43**, 48, 53, 78, 86, 102, 103, 105, 109, 126, 130, 132, 140, 143, 154, 161, 174, 178, 179, 181

I

IONESCO Eugène **68**, **69**, **70**, 71, 73, 86, 95, 96, 107, 118, 132, 153, 157, 175

J

JARRY Alfred **55**, **56**, 107, 153

JOUVET Louis 60, 61, 63, 133, 140, 169, 171, 175

K

KOLTÈS Bernard-Marie 78, 79, 80, 132, 171, 177

INDEX DES NOMS PROPRES

L

LABICHE Eugène 29, **49**, **50**, 54, 95, 97, 99, 100, 105, 107, 120, 129, 132, 149

LEMAÎTRE Frédérick **36**, **37**, 42, 43, **47**, **48**, 140

LESAGE Alain-René 28, 120, 132, 178

LOPE DE VEGA Félix 10, **14**, **15**, 88, 101, 179, 181

LUGNÉ-POË Aurélien-Marie 53, 55, 56, 60, 169, 172, 174, 176

LULLY Jean-Baptiste 2, 18, **23**, **24**, **25**, 89, 94, 109, 110, 111, 117, 138

M

MARAIS Jean 63, 103, 140

MARIVAUX **25**, **26**, **27**, **28**, 67, 78, 100, 128, 131, 140, 161, 163, 178

MARLOWE Christopher 12, 146

MEILHAC et HALÉVY 51, 129, 152

MÉRIMÉE Prosper 51, 152, 178

MNOUCHKINE Ariane 74, **75**, 77, 130, 148, 175

MOLIÈRE 2, 8, 10, 12, 13, **17**, **18**, 19, 20, 21, 22, 23, 24, 25, 27, 40, 44, 50, 58, 61, 63, 65, 67, 74, 78, 80, 81, 88, 89, 99, 100, 101, 105, 106, 107, 109, 110, 128, 131, 132, 138, 139, 140, 143, 144, 149, 150, 151, 154, 161, 162, 164, 175, 179

MOLINA Tirso de 10, 144, 146

MOUËZY-EON André 97, 130

MOZART Wolfgang Amadeus 10, 32, 146, 150, 174

MUSSET Alfred de 11, **39**, **40**, 42, 93, 100, 102, 103, 149, 154, 174, 178

O

OFFENBACH Jacques 9, 51, 78, 80, 81, 110, 112, 129, 132, 143, 147

P

PAGNOL Marcel **64**, **66**, 161, 163

PINTER Harold 96, 175

PIRANDELLO Luigi 12, 85, 103, 125, 175

PITOËFF Sacha et Ludmilla 60, 63, 67, 76, 169, 175, 176

PIXÉRÉCOURT René-Charles Guilbert de **35**, **36**, 129, 142

PLAUTE 11, 12, 61, 100, 104, 114

POIRET Jean 115, 143

R

RACINE Jean 2, 9, 11, 17, **22**, **23**, 24, 25, 35, 100, 117, 118, 126, 132, 138, 140, 160

RAIMU 64, 140

RÉJANE 76, 103, 140

REZA Yasmina 78, 140, 157, 158

Rolland Romain **56**, **57**, 103

Rostand Edmond 42, 45, **52**, **53**, 61, 136, 140, 159, 161, 179

S

Sand George 40, 45, 77, 142, 154

Sardou Victorien 39, 140, 152

Savary Jérôme **80**, **81**, 94, 96, 130, 143

Scaramouche 18, 19, 20, 106

Schmitt Éric-Emmanuel 139, 140

Scribe Eugène 29, 37, **38**, **39**, 50, 51, 54, 58, 129

Shakespeare William 8, **12**, **13**, 14, 17, 29, 35, 40, 55, 76, 79, 86, 95, 100, 101, 106, 117, 118, 134, 145, 146, 149, 161, 162, 174, 175, 181

Silvia 28, 140

Sophocle 9, **10**, **11**, 13, 63, 116, 117, 134, 179

Stendhal 50, 142, 148

T

Talma François-Joseph 34, 41, 48, 111

V

Verne Jules 142

Vilar Jean 40, 56, 93, 109, 138, 169, 173, 175, 177

Vitez Antoine 60, 90, 141

Voltaire 11, 13, 23, 25, 26, 27, 28, **29**, **30**, 31, 34, 102, 118, 145, 151, 178

Z

Zola Émile 57, 103, 142, 159, 179

Index des œuvres citées

1789 74
1793 74

A

À CHACUN SA VÉRITÉ 125
ÂGE D'OR (L') 74, 84
AGÉSILAS 22
AIGLE À DEUX TÊTES (L') 63, 118
AIGLON (L') 52, 53, 140, 158
ALCADE DE ZALAMEA (L') 14
ALCESTE 25, 111
ALEXANDRE LE GRAND 22
ALOUETTE (L') 67
AMÉDÉE OU COMMENT S'EN DÉBARRASSER ? 69
AMOURS DE BASTIEN ET BASTIENNE (LES) 77
AMPHITRYON 12, 146
AMPHITRYON 38 61
ANDROMAQUE 23, 160
ANDROMÈDE 22, 110
ANGELO, TYRAN DE PADOUE 41
ANGLAIS SANS PEINE (L') 68, 157
ANNONCE FAITE À MARIE (L') 59, 60
ANTIGONE 9, 63, 67, 93, 146
ANTOINE ET CLÉOPÂTRE 117
ANTONY 43, 103
ARLEQUIN POLI PAR L'AMOUR 27
ARLÉSIENNE (L') 161
ART 157
ASSOMMOIR (L') 142
ATHALIE 23
ATTILA 22
ATYS 25
AUBERGE DES ADRETS (L') 36, 37
AVANT, PENDANT ET APRÈS 38
AVARE (L') 12, 106, 143, 161

B

BAJAZET 23
BAL DES FOUS (LE) 85
BALCON (LE) 73
BARBIER DE SÉVILLE (LE) 11, 31, 32, 183

Becket ou l'Honneur de Dieu 67

Bel indifférent (Le) 63, 139

Belle Hélène (La) 51, 147

Bérénice 23

Bertrand et Raton, 38

Bonnes (Les) 73

Boubouroche 58

Bouchers de White Chapel (Les) 85

Bourgeois gentilhomme (Le) 18, 80, 158

Brigands (Les) 51

Britannicus 23

Brouette du vinaigrier (La) 102

Burgraves (Les) 11, 41, 42

C

Cabinet du Docteur Caligari (Le) 84

Cadmus et Hermione 25

Cagnotte (La) 50

Caïus Gracchus 34

Caligula 43

Canard sauvage (Le) 174

Cantatrice chauve (La) 68, 69, 157

Caprices de Marianne (Les) 40

Carmen 51, 120, 152

Cavalier d'Olmedo (Le) 14

Célimare le bien-aimé 50

Cendrillon et la lutte des classes 80

Cent millions qui tombent 54

César 64, 66

Chaises (Les) 69

Champignol malgré lui 53

Chant du départ (Le) 34

Chantecler 52

Charles IX ou la Saint-Barthélemy 34

Château de la mort lente (Le) 84

Chers zoiseaux 67

Chien du jardinier (Le) 14

Chronique de Séville 146

Cid (Le) 21, 22, 30, 45, 88, 95, 135, 144, 147, 152, 165

Cinna 21

Clowns (Les) 74

Cœlina ou l'enfant du désordre 35

Colombe 67

Combat de nègres et de chiens 78, 79

Comédie 71

Comédie des erreurs (La) 106

Comédie humaine (La) 47

Comédies et Proverbes 40

Comme il vous plaira 13

Commissaire est bon enfant (Le) 58

Comte de Monte-Cristo (Le) 43

Index des œuvres citées

Conseils inutiles (Les) 77
Conte d'hiver (Le) 79
Contes d'Espagne et d'Italie 39
Contrebasse (La) 139
Coriolan 117
Critique de l'École des femmes (La) 19, 148
Cromwell 41
Cuisine (La) 74
Cyrano de Bergerac 52, 53, 103, 136, 140, 158, 165

D

Dame aux camélias (La) 44, 46, 97, 103, 142, 147, 152, 158
Dame blanche (La) 39
Dame de chez Maxim (La) 54, 158
Dans la solitude des champs de coton 78
De Moïse à Mao 80
Deburau 63
Défilé-spectacle pour le bicentenaire de la Révolution 113
Dernier Caravansérail (Le) (Odyssées) 75
Dernier dragon (Le) 79
Dernière bande (La) 71, 159
Dernière Tentation du Christ (La) 151

Dernière Torture (La) 84
Derniers Jours de solitude de Robinson Crusoë (Les) 80
Désiré 62
Diablogues (Les) 115
Dictateur (Le) 107
Dieu du carnage (Le) 158
Dindon (Le) 54
Dispute (La) 78
Docteur Guillotin (Le) 85
Dom Juan, Don Juan 18, 67, 106, 145
Don Giovanni 83, 146
Double Inconstance (La) 27
Douze hommes en colère 85

E

Échange (L') 59, 60
École des cocottes (L') 158
École des femmes (L') 18, 158
École des maris (L') 158
École des ménages (L') 47, 158
École des mères (L') 158
École des pères (L') 158
École des veuves (L') 158
Électre 9, 118, 146
En attendant Godot 70, 72
Enfances du Cid (Les) 144
Enfants du paradis (Les) 37
Éphémères (Les) 75
Épître sur la calomnie 34
Esclavage des Noirs (L') 77

Esther 23
Eugénie 31

F

Fabien 64
Fâcheux (Les) 18
Faiseur (Le) 48
Faisons un rêve 63, 161
Famille, travail, radium 157
Fanny 64, 66
Farce de Maître Pathelin (La) 104, 105
Fausse Prude (La) 20
Fausses Confidences (Les) 27
Faust 120, 129, 146
Faust II 178
Femme du boulanger (La) 64
Femmes savantes (Les) 18, 132, 144
Feu la mère de Madame 54
Fifille à sa mère (La) 84
Fille du puisatier (La) 64
Fils naturel (Le) 46, 102
Fin de partie 71, 159
Folie blanche (La) 84
Folle de Chaillot (La) 60, 61
Fourberies de Scapin (Les) 18, 106
Frères Karamazov (Les) 142
Froufrou 51
Fuite à cheval très loin dans la ville (La) 78

G

Gaietés de l'escadron (Les) 58
Gendarme est sans pitié (Le) 58
Georges Dandin 18
Gloire (La) 45
Good Bye Mr. Freud 80
Grande Duchesse de Gérolstein (La) 51
Grande Mort (La) 84
Guerre de Troie n'aura pas lieu (La) 61
Guillaume Tell 11

H

Hair 80
Hamlet 13, 117, 145, 158
Haute Surveillance 73
Henri III et sa cour 43
Henry IV 13, 158
Henry V 13, 158
Henry VI 13, 158
Henry VIII 13, 158
Hernani 41, 103, 153
Homme qui a vu le diable (L') 84
Horace 21, 165
Hortense a dit : J'm'en fous ! 54
Hôtel du libre-échange (L') 54
Huguenots (Les) 39
Huis clos 85, 158

Index des œuvres citées

I

Iliade (L') 8
Illusion comique (L') 21
Illusions perdues (Les) 47
Innommable (L') 70
Iphigénie 23
Irène 11
Irma la Douce 78

J

Jalousie (La) 63
Jalousie du barbouillé (La) 106
Jean-Christophe 56
Jeu de l'amour et du hasard (Le) 27
Jeune Fille Violaine (La) 59
Journal du voleur 73
Journal en miettes 70
Joyeuses commères (Les) 106
Judas 64
Juive (La) 39
Jules César 117, 145

K

Kamasutra 86
Kean 37, 43

L

Laboratoire des hallucinations (Le) 84
Leçon (La) 69
Léonie est en avance 54
Lettres philosophiques 145
Lorenzaccio 40, 103, 158
Loups (Les) 56
Lucrèce Borgia 41, 103

M

Macbeth 13, 117, 158
Macedades del Cid (Las) 144
Machine à écrire (La) 63
Machine infernale (La) 63, 118
Madame Bovary 142
Madame Marguerite 139
Madame Sans-Gêne 140
Mademoiselle Julie 174
Mahabharata (Le) 143, 157
Mahomet 151
Mains sales (Les) 158
Mais n'te promène donc pas toute nue ! 54
Malade imaginaire (Le) 18, 67
Malone meurt 70
Mamelles de Tirésias (Les) 153
Mangeront-ils ? 42
Marâtre (La) 48
Marchands de gloire (Les) 64
Mariage de Figaro (Le) 31, 33, 132, 151
Marie Tudor 41
Marie-Octobre 85

MARIÉS DE LA TOUR EIFFEL (LES) 63
MARION DE LORME 41
MARIUS 64, 66
MARMITE (LA) 12
MARQUIS DE SADE (LE) 84
MASQUE DE LA BÊTE (LE) 84
MÉDECIN MALGRÉ LUI (LE) 106
MÉDECIN VOLANT (LE) 106
MÉDÉE 67, 78
MÉGÈRE APPRIVOISÉE (LA) 106
MÉLITE 21, 100
MÉLO 98
MÉLODIES DU MALHEUR 80
MERCADET 48
MERCADET LE FAISEUR 49
MÈRE COUPABLE (LA) 31, 102
MESSIEURS LES RONDS-DE-CUIR 58
MILLE FRANCS DE RÉCOMPENSE 42
MISANTHROPE (LE) 18, 67, 158, 161
MISÉRABLES (LES) 143
MITHRIDATE 23
MOI 50
MOLIÈRE 74
MOLLOY 70
MON PÈRE AVAIT RAISON 44, 62, 158
MONOLOGUES DU VAGIN (LES) 157
MONSIEUR CHASSE ! 53
MONSIEUR SCHPILL ET MONSIEUR TIPPETON 157
MONSTRES SACRÉS (LES) 63
MORT DE CÉSAR (LA) 145
MORTS SANS SÉPULTURE 158
MOUETTE (LA) 175
MOUTONS DE PANURGE (LES) 130
MUETTE DE PORTICI (LA) 39
MURPHY 70
MYSTÈRE DE LA PASSION 44, 108, 111
MYSTÈRE DES ACTES DES APÔTRES 44
MYTHE DE SISYPHE (LE) 95

N

N'ÉCOUTEZ PAS, MESDAMES ! 63
NADINE 77
NÈGRES (LES) 73
NINA STROMBOLI 80
NOMBRIL (LE) 67
NONO 62
NOTRE-DAME DE PARIS 105, 143
NOUNOUCHE 84
NOUVEAU TESTAMENT (LE) 63
NUIT DES ROIS (LA) 13
NUIT TRAGIQUE DE RASPOUTINE (LA) 84
NUIT VÉNITIENNE (LA) 11, 39

O

Occupe-toi d'Amélie 54
Odyssée (L') 8
Œdipe 9, 29, 146
Œdipe à Colone 10
Œdipe roi 63
Oh ! les beaux jours 71, 139
On purge bébé 54
Ondine 61
Opéra de quat'sous (L') 37, 91, 175
Opéra des gueux (L') 37
Orfeo 110
Ornifle 67
Orphée 63
Orphée aux Enfers 110, 147
Oscar et la dame rose 139
Otage (L') 59, 60
Othello 13, 30, 117, 145, 158, 161
Ouragan sur le Caine 85

P

P... respectueuse (La) 158
Page (Le) 62
Pain dur (Le) 59
Paix chez soi (La) 58
Palmes de Monsieur Schutz (Les) 157
Parade 63
Paravents (Les) 73
Parents terribles (Les) 63, 103
Parisienne (La) 51
Partage de midi 59
Pas moi 71
Passion d'Arras 108
Pasteur 62
Pelléas et Mélisande 153
Père de famille (Le) 102
Père Goriot (Le) 47
Père humilié (Le) 59
Père Noël est une ordure (Le) 130
Périchole (La) 51
Persée 25
Personnage combattant (Le) 139
Petit Duc (Le) 51
Phaéton 25, 111
Phèdre 11, 23, 165
Pièce montée 115
Piéton de l'air (Le) 70
Plaideurs (Les) 22, 100, 126
Poétique (La) 100, 117
Polonais (Les) 55
Poudre aux yeux (La) 50
Précieuses ridicules (Les) 18, 106, 132, 158
Préface de Cromwell 41, 86, 103, 132
Proserpine 25
Psyché 23, 24, 109, 110, 130
Puce à l'oreille (La) 54

Q

Quai Ouest 78, 79
Quatuor (Le) 115

R

Rebecca 161
Reine Margot (La) 43
Répétition ou l'Amour puni (La) 67
Ressources de Quinola (Les) 48
Retour au désert (Le) 78
Revenants (Les) 174
Rhinocéros 70
Richard II 13, 158
Richard III 13, 158
Robert le Diable 39
Robert Macaire 37
Roberto Zucco 79
Roi Lear (Le) 13, 117, 145
Roi s'amuse (Le) 41
Roi se meurt (Le) 70
Roméo et Juliette 13, 14, 117, 129, 145, 158
Ruy Blas 37, 42, 103, 165

S

Saint Genet comédien et martyr 73
Sauvage (La) 68

Seconde Surprise de l'amour (La) 28
Sémiramis 145
Serments indiscrets (Les) 28
Servante (La) 157
Sexe faible (Le) 98
Siegfried 60, 61
Soif et la Faim (La) 70
Soirée des Boulevards (La) 28
Solo 71
Songe d'une nuit d'été (Le) 13
Souffle 71
Soulier de satin (Le) 59, 60, 133, 157
Station Champbaudet (La) 50
Surprise de l'amour (La) 27
Sylla 48
Système Ribadier (Le) 53

T

Tailleur pour dames 53, 143
Tarare 31
Tartuffe 18, 132, 151, 158
Temps difficiles (Les) 98
Testament d'Orphée (Le) 110
Tête d'or 59
Tête des autres (La) 152
Théâtre d'éducation 77
Théâtre de Clara Gazul 178
Théâtre de la Révolution 57

Index des œuvres citées

Théâtre du peuple (Le) 57
Théâtre en liberté 178
The Theatre of the Absurde 96
Thébaïde (La) 22
Thermidor 152
Thésée 25
Timocrate 45, 142
Timoléon 34
Timon d'Athènes 117
Tire-au-flanc 97
Titus Andronicus 117
Topaze 64
Torquemada 42
Tour de Babel (La) 130
Tour de Nesles (La) 43
Tour du monde en 80 jours (Le) 142
Traviata (La) 46
Trente ans de la vie d'une femme 38
Trente millions de Gladiator (Les) 50
Tricoche et Cacolet 51
Troïlus et Cressida 117
Trois discours sur le poème dramatique 22
Trois Mousquetaires (Les) 43
Trompeur de Séville (Le) 10
Tueur sans gages 70
Turcaret 132

U

Ubu roi 55, 96, 107
Un caprice 40
Un chapeau de paille d'Italie 49
Un client sérieux 58
Un fil à la patte 54
Un gars, une fille 116
Un Monde fou 113
Un père prodigue 46
Un Spectacle dans un fauteuil 40
Une journée chez ma mère 115
Une leçon à la Salpêtrière 84
Une nuit au bouge 84

V

Vautrin 37, 47, 48
Verre d'eau (Le) 38
Veuve joyeuse (La) 51
Vie devant soi (La) 158
Vie est un songe (La) 10
Vie parisienne (La) 51
Vies parallèles (Les) 117
Ville (La) 59
Visionnaires (Les) 77
Voix humaine (La) 63, 139
Volpone 175
Voyage chez les morts 70

Voyage de Monsieur Perrichon (Le) 50
Voyageur sans bagage (Le) 67

W

West Side Story 14

Z

Zaïre 30
Zartan, frère mal aimé de Tarzan 80

Portrait de M. de Molière en habit de Sganarelle.

www.ingramcontent.com/pod-product-compliance
Lightning Source LLC
Chambersburg PA
CBHW070319230426
43663CB00011B/2180